# 不忘初心 牢记使命

## ——举旗逐梦跟党走

### （中学版）

主　编　陈宗杰

编写人员　杜惠英　徐　杉

　　　　　蒋　可　陈宗杰

南京大学出版社

**图书在版编目(CIP)数据**

不忘初心　牢记使命：举旗逐梦跟党走：中学版/
陈宗杰主编. — 南京：南京大学出版社，2018.2(2019.12重印)
ISBN 978-7-305-19888-5

Ⅰ. ①不… Ⅱ. ①陈… Ⅲ. ①思想政治教育－中国－
青少年读物　Ⅳ. ①D432.62

中国版本图书馆 CIP 数据核字(2018)第 018015 号

出版发行　南京大学出版社
社　　址　南京市汉口路 22 号　　　　　邮编　210093
出 版 人　金鑫荣

书　　名　**不忘初心　牢记使命——举旗逐梦跟党走·中学版**
主　　编　陈宗杰
责任编辑　赵玉婷　金春红　　　　编辑热线 025-83686596
审　　读　陈小敏

照　　排　南京理工大学资产经营有限公司
印　　刷　南京新洲印刷有限公司
开　　本　880×1230　1/32　印张 6.5　字数 200 千
版　　次　2019 年 12 月第 1 版第 3 次印刷
ISBN　978-7-305-19888-5
定　　价　20.00 元

网　　址：http://www.njupco.com
官方微博：http://weibo.com/njupco
官方微信号：njupress
销售咨询热线：(025)83594756

# 前　言

中国共产党第十九次代表大会（以下简称"十九大"），是一次不忘初心、牢记使命、高举旗帜、团结奋进的历史性盛会，极大地鼓舞了全党全国人民为实现中华民族伟大复兴的中国梦而奋斗的信心和力量。

"一个政党，如一个人一样，最宝贵的是历尽沧桑，还怀有一颗赤子之心。"（习近平）中国共产党人的初心和使命，就是为中国人民谋幸福，为中华民族谋复兴。

本书通过讲故事的形式，帮助青少年读者：重温中国共产党的建党史、抗争史，认识中华民族从站起来、富起来到强起来的历史性飞跃；高举中国特色社会主义伟大旗帜，更好地领悟习近平新时代中国特色社会主义思想，更加深切地爱党爱国跟党走；胸怀梦想，不懈追求，立志奋斗，培育和践行社会主义核心价值观；认真学习，健康成长，为不远的将来做一名合格的社会主义事业建设者和接班人打下扎实的基础。

# 目　录

## 初心篇　　为中国人民谋幸福

## 使命篇 实现中华民族伟大复兴

## 奋斗篇 新时代 新征程

初 心 篇

为中国人民谋幸福

"老百姓是天，老百姓是地。"谈起人民，习近平总书记的话语总是如此深情。他说："忘记了人民，脱离了人民，我们就会成为无源之水、无本之木，就会一事无成。"人民，是共产党人的理想之根、信念之源。一切为了人民，是中国共产党的立党"初心"。

# 第一章
## 一切从南湖红船开始

> 上海党的一大会址、嘉兴南湖红船,是我们党梦想起航的地方。我们党从这里诞生,从这里出证,从这里走向全国执政。这里是我们党的根脉。
>
> ——习近平

## 第一节  13 位代表,57 名成员

中国故事

### 庄重又惊险的中共"一大"

**在上海**  中国共产党第一次代表大会,于 1921 年 7 月 23 日到 30 日,在上海市兴业路 76 号(原望志路 106 号)秘密召开,有 13 名代表出席,代表了全国 57 名共产党员。

会议开到 30 日,法租界巡捕房的一个华人探长突然闯入楼房,到处张望。具有丰富秘密工作经验的共产国际代表马林,警觉地说这人一定是来探寻消息的,建议立即停会,大家分头离开。果然,十几分钟后,两辆警车呼啸而来,包围了会场,法籍警官亲自带人进入室内,询问搜查,但没有找到多少证据,威胁警告一番后便撤走了。

　　这次搜查虽然没有带来重大损失,但会议不能再在原地进行。在场的李达夫人王会悟提出:不如到我的家乡嘉兴南湖开会,那里离上海很近,又易于隐蔽。大家都赞成,觉得这个安排很妥当。

中共一大会址

　　**在南湖** 第二天清晨,代表们分两批乘火车前往嘉兴,登上事先租好的南湖画舫,继续在上海未能进行的议题。会议先讨论并通过了《中国共产党第一个纲领》,这份 15 条,约 700 字的简短纲领,确定了党的名称、奋斗目标、基本政策,提出了发展党员、建立地方和中央机构等组织制度,兼有党纲和党章的内容,是党的第一个正式文献。

　　接着讨论并通过了《中国共产党第一个决议》,对今后党的工作作出安排部署。由于党的力量还弱小,会议决定以主要精力建立工会组织,指导工人运动和做好宣传工作,并要求与其他政党关系上保持独立政策,强调与第三国际建立紧密关系。

　　下午 5 时,天气转晴,湖面上一艘汽艇向画舫急驰而来。大家因为有上海的经历而提高了警惕,立即藏起文件,在桌上摆出麻将牌,装扮成游客。后来打听到这是当地士绅的私人游艇,大家才松了一口气。最后,一大选举中央领导机构,建立了三人组成的中央局,党的第一个中央机关由此产生。

会议在齐呼"中国共产党万岁"声中闭幕。

## 13 位代表人生的五类归宿

岁月悠悠,斗转星移。90 多年后的今天,当年参加中共"一大"的 13 位代表,都已离世。回首展望,他们虽然当年都是热血青年,同样也都是党的"一大"代表,但在以后长期的革命斗争中,最终归宿不一,真可谓历史无情,大浪淘沙。

**其一类,坚守信念,奋斗终生**　包括毛泽东、董必武、王尽美。毛泽东在参加"一大"期间虽然寡言深思,但自遵义会议后领导党和人民军队,打败敌人,夺取政权,成为各族人民敬仰的伟大领袖。董必武长期在党和国家重要领导岗位上工作,于 1975 年去世。王尽美从 1923 年至 1925 年担任中共山东省委书记,积劳成疾,于 1925 年 8 月病逝。

**南湖红船**

**其二类,英勇献身,视死如归** 包括何叔衡、邓恩铭和陈潭秋。1935 年,何叔衡在转移途中与敌人遭遇,壮烈牺牲。邓恩铭 1928 年被捕入狱,1931 年英勇牺牲。1942 年,陈潭秋被新疆的盛世才逮捕入狱,1943 年被秘密屠杀。

**其三类,性格倔强,身离心仪** 包括李达和李汉俊。李达在上海机关工作时,多次和陈独秀、张国焘发生矛盾,于 1923 年夏愤然宣布脱党。但李达从未放弃信仰,一如既往地从事马克思主义的研究和宣传。李汉俊也因与陈独秀、张国焘意见不合,逐渐脱离了党的活动,被开除党籍。1927 年 12 月,李汉俊被桂系军阀杀害。

**其四类,误入歧途,迷途知返** 包括刘仁静和包惠僧。刘仁静是"一大"最年轻的代表,1929 年赴苏学习,后开始成为党内的反对派,又在国民党政府任职。1950 年回北京,1987 年死于车祸。包惠僧在 1927 年革命低潮时决定退党,后曾迫于生计在国民政府任职。1949 年回到北京,1979 年病逝。

**其五类,投敌叛党,下场可耻** 包括陈公博、周佛海和张国焘。陈公博是"一大"代表中最先脱党的人物,抗战时期追随汪精卫卖国求荣,成为第二号汉奸,1946 年被枪决。周佛海 1924 年脱党,抗战期间投靠汪精卫成为大汉奸,1948 年病死于南京监狱。张国焘因为在参加"一大"时带来了李大钊的意见,会议推举他为主席,之后长期在党内担任要职;在长征途中和到达延安后,张国焘分裂中央的严重错误受到批判;1938 年初,张国焘叛党,当上了国民党反动政府的特务;1949 年后寓居香港,1979 年客死加拿大。

### 阅读指导

伟大的中国共产党,至今走过了 90 多年的历程。回顾"一大"这 13 位代表的迥异人生,对于我们这些后来人,真可谓是一本很好的教科书。因为他们原本都是积极探索救国救民和寻求革命真理

的党的创始人,为什么在后来的岁月中会发生那么大的变化?从 13 位代表的进退沉浮中,我们可以感悟到以下几点:

**坚强党性,具有崇高的革命理想,始终是共产党人保持先进性的精神动力。**只有确立为共产主义奋斗终生的远大理想,立志于为国为民、为中华民族的伟大复兴去奋斗,才能自觉融入社会和历史发展的潮流,并成为社会发展的弄潮儿。在革命战争年代是这样,在改革开放建设有中国特色社会主义新时期,同样也是这样;对于创立中国共产党的"一大"代表是这样,对于普通共产党员和人民群众来说,同样也是这样。实践表明,胸无大志,绝对干不出大事。只有那些不但具有崇高理想而且又具有坚定信念的人,才能经受任何艰难曲折的考验,一步一个脚印地走向胜利,到达辉煌的顶点。

**立党为公,执政为民,不为私利所左右,这是人生成功的根本所在。**毛泽东说过:"要奋斗就会有牺牲。无数革命先烈为了人民的利益在我们前头英勇地牺牲了,难道我们还有什么个人利益不能牺牲,还有什么错误不能改正吗?"中国共产党作为无产阶级政党,决定着每个共产党员的个人利益必须要服从革命利益。这是我们党有别于其他政党的一个重要标志。

从 13 位"一大"代表进退沉浮的实践来看,成功者无一不是将革命利益放在第一位的,而沉沦和消极颓废者又无一不是以牺牲革命利益,痴迷于一己私利而走向革命的反面的。

**革命的道路不平坦,胜利最终属于那些自觉肩负人民的希望,并不畏艰辛和勇于攀登的人。**投身波澜壮阔的革命事业,必须要牢记自己的历史使命,把自己的行为和人民的利益紧紧地联系在一起,始终代表最广大的人民群众利益,并为之而奋斗,这样才能赢得人民群众的信任和支持,才能从人民群众中不断地汲取营养,获得更多的智慧和力量,进而才能按照自身所设定的人生坐标,不断地战胜前进道路上的急流险滩和泥潭沼泽,而不至于迷失自己的前进方向。

人生的道路是曲折的,犯错误是难免的,关键是要有错必纠,知错必改。从 13 位"一大"代表的迥异人生来看,大凡知错改错,甚至是历经曲折迷途知返的,前途同样光明。相反,知错不改,或者是以感情代替理智,坚持一意孤行,其结果往往都是自食其果,以悲剧的形式结束自己的人生。

社会是变化的,人也是变化的,钢与碴、前进与退伍,永远同在。只有坚定理想信念,始终忠于人民,才能取得人生的辉煌。

### 思考与行动

1. 了解到"一大"党代表的不同归宿后,请谈谈你对下面这幅图片的感悟。

冲　浪

2. 走访你身边的一位共产党员,请他(她)介绍中国共产党的入党誓词,作好记录。

# 第二节　伟大先驱李大钊

## 第一个将马克思主义圣火"盗"到中国的"普罗米修斯"

李大钊成长的年代,中华民族正面临亡国灭种的危机。

1913 年,李大钊东渡日本留学。在日本的 3 年,李大钊最大的收获除了接触到马克思主义外,另一个就是结识了他人生中最重要的朋友之一——陈独秀。当时也在日本留学的陈独秀了解"二十一条"的内容后悲愤欲绝,在一篇文章中流露出厌世情绪。李大钊看到后,以《甲寅》杂志记者的身份提出:不能因为政客的腐败而厌弃自己的国家。李大钊的这篇文章让陈独秀重拾了信心,这也成为他们革命友谊的开端,也为几年后"南陈北李,相约建党"埋下了最初的伏笔。

1918 年 8 月,李大钊作为主要发起人之一,创建了少年中国学会,并亲自介绍毛泽东等人加入。那一年,毛泽东刚刚 25 岁,李大钊也只有 29 岁。1920 年 3 月,李大钊和邓中夏、陈独秀等人秘密发起马克思学说研究会。同年秋,他又领导建立了北京的共产党早期组织。

油画《李大钊先生演讲:
"试看将来的环球,必是赤旗的世界"》

李大钊著《我的马克思主义观》，为中国第一部较系统地介绍马克思主义的长篇论文。长文指出，马克思主义是"世界改造原动的学说"，自俄国十月革命以来"几有风靡世界的势子"。

在俄罗斯保存的档案资料里，保留着一段珍贵的影像资料，这是 1924 年 6 月李大钊率中共代表团到莫斯科参加共产国际五大时的一段演讲，它让我们第一次目睹这位年轻的中国共产党党员的风采。"登高一呼群山应，从此神州不陆沉。"一大批进步青年聚集到李大钊的周围，寻求马克思主义真理。中国共产党成立后，李大钊代表党中央指导北方地区党的工作，宣传马克思主义，开展工人运动，建立党的组织，开展了轰轰烈烈的反帝反军阀斗争。

## 伟人虽逝　光耀中华

在中国国家博物馆，存放着一件编号 0001 的珍贵馆藏文物——一座绞刑架。1949 年，开国大典前夕，中国共产党派专人寻找的第一件文物，就是这座绞刑架。1927 年 4 月 28 日，李大钊 38 岁的生命，终结在这座绞刑架上。

1927 年 4 月 6 日，中国传统的清明节。这天上午，奉系军阀张作霖派出的警察、便衣，蜂拥进入北京东交民巷苏联大使馆，将李大钊等数十人抓走，包括他年仅 3 岁的小儿子。

其实在大使馆被包围的前几天，中共秘密党员杨度就知道这一消息，他赶紧向李大钊传递了信息。但李大钊让一些年轻的同志先撤退，自己却留了下来。

敌人对李大钊用尽酷刑，将竹签插进他的指甲缝，最后竟剥去了他双手的指甲。但李大钊坚贞不屈，大义凛然。当时敌人的报纸说，李大钊受审时"精神甚为焕发，态度极为镇静，自述为马克思学说之崇信者，故加入共产党，对于其他之一切行为则谓概不知之，关防甚严"。

接着，敌人又用高官厚禄收买李大钊。李大钊说道："大丈夫生于世间,宁可粗布以御寒,安步以当车,就是断头流血,也要保持民族的气节,绝不能为了锦衣玉食,就去向卖国军阀讨残羹剩饭,做无耻的帮凶和奴才!"

4月9日,北京9所大学校长讨论营救办法。12日,北京25所大学校长讨论营救办法。李大钊获悉消息后,表示坚决反对:"我个人为革命、为党而牺牲,是光荣而应当,且已经是党的损失……我不能再要同志们来作冒险事业,而耗费革命力量,现在你们应当保存我们的力量……不要使革命力量再遭损失。"为了开脱同案人员,他写道:"倘因此而重获罪戾,则钊实当负其全责,惟望当局对于此等爱国青年,宽大处理,不事株连,则钊感且不尽矣。"

1927年4月28日上午11时,奉系军阀政府对李大钊等20人进行秘密审判。随后,4辆军车将他们押至西交民巷京师看守所。李大钊从容走上绞刑台,在生命的最后一刻呼喊道:"不能因为你们绞死了我,就绞死了共产主义!我们已经培养了很多同志,如同红色的种子,撒遍各地。我们深信,共产主义在世界、在中国必然要得到光荣的胜利!"

## 阅读指导

1949年3月,毛泽东在西柏坡回忆时,曾动情地说:"30年前我为寻求救国救民真理而奔波,吃了不少苦头。还不错,在北京遇到了一个好人,就是李大钊同志。在他的帮助下,我才成为一个马克思主义者……没有他的指点和指导,我今天还不知在哪里呢!"

在纪念李大钊同志诞辰120周年座谈会上,习近平指出,"李大钊同志开创的伟大事业和留下的思想遗产永远不可磨灭,他播撒的革命种子已经在中国大地上生根、开花、结果。正因为如此,今天,我们更加感受到李大钊同志历史眼光的深邃和思想价值的珍贵,更加感受到他革命精神的崇高和人格力量的伟大。"

**我们要学习李大钊坚定的爱国主义精神。**李大钊是一位伟大

铁肩担道义　妙手著文章

辛亥仁兄正之　守常李大钊

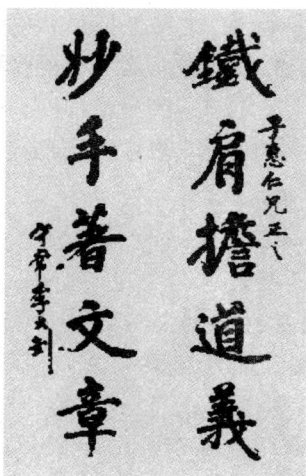

的爱国者。他始终把自己的学识与拯救国家和民族的命运紧紧联系在一起。正是强烈的爱国之心和对社会、对人民的高度责任感，促使李大钊奋不顾身、英勇战斗。他身上体现出的时刻牵挂国家兴亡、时刻不忘人民疾苦并为之奋斗的精神和风范，永远值得我们敬仰和提倡。

**我们要学习李大钊对马克思主义的坚定信仰。**正是李大钊同志等一批革命家的艰辛努力，使马克思主义在中国得到广泛传播，使大批先进青年在接受马克思主义后走上革命道路。这一切，为中国新民主主义革命的发展和胜利打下了坚实的基础。李大钊对信仰和真理矢志不移，为传播和实践马克思主义而英勇献身，真正做到了自己所说的"勇往奋进以赴之""瘅精瘁力以成之""断头流血以从之"。

**我们要学习李大钊勇于献身的革命精神和无私奉献的高尚品德。**李大钊书写过"铁肩担道义，妙手著文章"的著名对联。这副对联，是他光辉一生的真实写照。为了追求革命真理、追求民族独立和人民解放，李大钊把个人生死置之度外。他说过，"牺牲永是成功的代价"，"高尚的生活，常在壮烈的牺牲中"。

正因为有这样的境界，当面对生与死考验的时候，他从容地选择了为他认定的主义和事业献出生命。李大钊的道德和操守非常崇高。在他身上，凝结着中华民族传统美德，体现着中国知识分子的优秀品格。他作风质朴，不驰于空想，不骛于虚声。他坚持真理，待人宽厚，团结同志，正如后人所赞誉的，"没有宗派气，内外从如云"。他一生俭朴清廉，淡泊名利。在北京大学任职期间，他经常接济贫寒的青年和支持革命活动，以至学校发薪水时不得不预先扣下一部分直接交予他的夫人，以免家庭生活无以为继。他牺牲后遗体下葬,棺椁衣裳都是朋友们帮助提供的。

李大钊是一位真正的革命者,他的伟大人格和崇高风范,将永载中国共产党和中国人民革命斗争的史册。

🌸 思考与行动

1. 请谈谈你对著名对联"铁肩担道义,妙手著文章"的理解。
2. 今天的你,准备如何践行"铁肩担道义,妙手著文章"呢?

# 第三节 "我的心留在了这里"

中国故事

## 重返旧址 探寻密码

2017年10月31日，在党的十九大胜利闭幕一周之际，习近平总书记带领中共中央政治局常委，专程赶赴上海市兴业路76号——中共"一大"会址，沿着早期共产党人的足迹，探寻我们党的精神密码。

**在上海** 上午11时许。习近平总书记一行下车，缓步走向绿荫下的中共"一大"会址。秋叶静美，大门上的铜环熠熠生辉。1921年7月，身着长衫、中山装、西装的10多位有志之士，怀着对马克思主义的憧憬，从四面八方赶到位于法租界的这个幽静小院，轻轻叩响铜环。

那时的中国积弱积贫、九原板荡、百载陆沉，被称为是一艘"无一处没有伤痕"的破船。经过翻天覆地的历史变迁，此刻，习近平总书记和其他常委同志迈过门槛，伫立于复原的中共"一大"会场旧址，倾听历史回响。

青色砖墙、红色窗棂、精致条桌、硬木椅、小圆凳、雕花茶杯、粉色花瓶、紫铜烟缸……习近平总书记凝视着、思索着，动情地说："毛泽东同志称这里是中国共产党的'产床'，这个比喻很形象，我看这里也是我们中国共产党人的精神家园。"

1920年9月印刷出版的《共产党宣言》中文译本，安放在展厅陈列柜。习近平总书记多次讲述了陈望道在翻译《共产党宣言》时"蘸着墨汁吃粽子,还说味道很甜"。真理的味道如此甘甜,一代代共产党人前仆后继。讲解员说起这一译本是由一位共产党人的老父亲放在衣冠冢中方才保存下来,总书记听了连称很珍贵,说这些文物是历史的见证,要保存好、利用好。

习近平总书记站在《中共第一个纲领》前、站在《中共第一个工作决议》前,逐字逐句细细品阅。他走到栩栩如生的一大代表群雕前,听讲解员的讲述。习近平指出,中国共产党一开始就在自己的纲领文件中开宗明义确立了坚持马克思列宁主义,鲜明地写下"工人阶级""无产阶级"这些字句。尽管处于初创阶段,但奠定了我们党的前进方向和基石。

习近平总书记驻足于革命先辈谢觉哉的日记本前。1921 年6 月29 日,日记写道:"午后六时叔衡往上海,偕行者润之,赴全国○○○○○之招。"为避免搜查所画的五个圆圈,意为"共产主义者"。

欲知大道,史可为鉴。中共"一大"会址纪念馆,视频短片《追梦》吸引了他们的目光。共产党领航,中国从生灵涂炭、一穷二白,到世界第二大经济体;从铁钉、火柴都要进口,到自力更生造出"两弹一星","嫦娥"奔月,"蛟龙"入海……一个政党的成长和一个国家的复兴紧密相连。

**在南湖**　当日下午,习近平总书记一行循着革命先辈的足迹,从上海乘坐火车赴嘉兴,瞻仰南湖红船。

总书记伫立岸边,久久眺望清波荡漾的远方。抚今追昔,习近平感慨:"小小红船承载千钧,播下了中国革命的火种,开启了中国共产党的跨世纪航程。"

5 分钟车程,抵达南湖革命纪念馆。习近平总书记和其他常委同志拾级而上。气势恢宏的序厅,穹顶上的铁锤镰刀分外醒目。一艘复建的红船破墙而出,似在告诉人们,正是这一把橹桨摇醒了在茫茫黑夜中摸索了半个多世纪的中国。

　　在浙江工作时,习近平为南湖革命纪念馆奠基。2005 年 6 月,他刊发于《光明日报》的一篇文章,对"红船精神"作出概括:"开天辟地、敢为人先的首创精神,坚定理想、百折不挠的奋斗精神,立党为公、忠诚为民的奉献精神。"

　　"从纪念馆奠基那一刻起,我就一直想着落成后要来看一看,今天如愿以偿了,确实深受教育和鼓舞。"他说,"我们要结合时代特点大力弘扬'红船精神',让'红船精神'永放光芒。"

　　纪念馆一层序厅,巨幅党旗如鲜血浸染。习近平总书记带领其他常委同志一道举起右拳,庄严宣誓:"我志愿加入中国共产党,拥护党的纲领,遵守党的章程……"他们的声音交汇在一起,一字一句,句句铿锵。习近平总书记说,入党誓词字数不多,记住并不难,难的是终身坚守。每个党员要牢记入党誓词,经常加以对照,坚定不移,终生不渝。

### 阅读指导

　　走得再远、走到再光辉的未来,也不能忘记走过的过去,不能忘记为什么出发。上海、南湖,习近平总书记多次讲到"初心"二字。

　　初心是什么? 习近平总书记在党的十九大报告上的一席话,在此情此景听来更令人心潮澎湃:"中国共产党人的初心和使命,就是为中国人民谋幸福,为中华民族谋复兴。这个初心和使命是激励中国共产党人不断前进的根本动力。"

　　为什么不能忘记初心? 因为共产党人的初心,是我们这个中国共产党长盛不衰、枝繁叶茂的动力源。

　　我们党从弱小到强大,从九死一生到蓬勃兴旺,从只有 50 多位党员到拥有 8 900 多万党员、450 多万个基层组织,成为世界最大执政党。之所以能如此,根本在于我们党能"始终同人民想在一

**人民解放军向党宣誓**

起、干在一起"，保持初心不改，壮志豪发，在风云变幻的百年史册上留下不朽传奇。

　　道路决定命运。那个年代，信仰的选择也是生命的抉择。大浪淘沙，个人坚守信仰力量的强弱，决定着人生命运的方向。有用马克思主义引领中国改天换地的毛泽东，有为真理献身的何叔衡、陈潭秋、邓恩铭，也有信念中途夭折、背叛党和人民的周佛海、张国焘、陈公博……一代代共产党人高举信仰的火炬，挺起民族的脊梁，推动中国浩荡前行。

　　从中共一大到党的十九大，跨越九十六年的对话。一条主线一脉相承——党的领导、党的建设，任何时候都要坚如磐石。习近平总书记强调说："秀水泱泱，红船依旧；时代变迁，精神永恒。"

**思考与行动**

1. 请阅读下面的短文,谈谈自己的感想。

**短文**:党的十九大擘画了党和国家事业发展的目标和任务,全党同志必须坚持全心全意为人民服务的根本宗旨,不断带领人民创造更加幸福美好的生活;牢记共产主义远大理想,坚定中国特色社会主义共同理想,一步一个脚印向着美好未来和最高理想前进;始终保持谦虚谨慎、不骄不躁的作风,不畏艰难,不怕牺牲,为实现"两个一百年"奋斗目标、实现中华民族伟大复兴的中国梦而不懈奋斗。

2. 请制订一项"参观一大会址"计划,要求:① 提出参观目的;② 选定参观时间;③ 制订参观路线;④ 列出参观提纲;⑤ 草拟汇报要点。

# 第二章
# 领导革命，解放人民

领导中国人民推翻三座大山，开创中华民族的新纪元。原来还只是万里长征的第一步！

——毛泽东

## 第一节　武装起义第一枪

中国故事

### 南昌起义总指挥——贺龙

在蒋介石、汪精卫发动反革命政变时，贺龙已经是国民革命军20军军长，在北伐中，20军被称为"钢军"。这支能征善战的队伍是各方拉拢的对象。蒋介石以高官厚禄利诱，派人送来金条银洋，还许诺让贺龙当安徽省省长。贺龙对他们说："国民党我不入，要入党就参加共产党。"南昌起义前，贺龙还不是共产党员，但他在共产党人的影响下，信仰中共的主张，听从中共的指挥，举全军之力，铁心跟共产党走。

周恩来曾经高度评价他："贺龙当时领导一个军，是起义军的'大户'，他性格豪爽，斗争坚决，什么敌人也不怕。在最困难的时

八一南昌起义主题雕塑

候，下定决心跟党走。"贺龙后来回忆南昌起义时说："七月底，汪精卫决定在庐山召开军事会议。这时，我们只有两种选择，要就上庐山，要就开到南昌。那时，我主意已定，就是跟着共产党走。"

在整个起义过程中，以总指挥贺龙为代表的进步武装力量，始终团结在党的前敌委员会周围，沿着中共指引的方向运动，这是南昌起义军领导人坚定信念、听党指挥的最佳典型。

## 朱德之宴—— 拖住敌军两个团

1927 年 7 月 31 日晚上，朱德接到一个特殊任务，用请客吃饭、打牌的方式拖住滇军两个团。朱德邀"请"三军二十三团团长卢泽民、二十四团团长"萧胡子"和一个姓蒋的副团长，到大士院 32 号市长李尚庸家大摆宴席。他暗中交代警卫员刘刚：要制止一切外来客人进入此地，特别是来找卢团长和萧团长的人。

酒足饭饱后，朱德又拉住他们打麻将。晚上 9 时，起义总指挥部送来了"山河统一"的口令，朱德借故离席布置起义事宜。这时，一个滇军青年军官匆忙跑来向大家报告说，外面有共产党将要发起暴动的消息。朱德听后哈哈一笑,从容地说:"现在这样的混乱时期,什么谣言都有,大家请接着打牌!"又过了一个时辰,埋伏在院外的10多名起义军战士奉命冲进室内,把这3位醉醺醺的敌军军官扣押了起来。

朱德亲自导演的这场"宴请",巧妙地削弱了敌军的指挥力量。随后,他立即赶往起义总指挥部,通报了起义消息已泄露的情况,前敌委员会当即决定提前两小时进行起义。起义部队以颈系红领巾、左臂扎白毛巾为标志。朱德还把随身佩带的驳壳枪系上了红飘带,前往自己领导的第三军军官教育团驻地准备战斗。

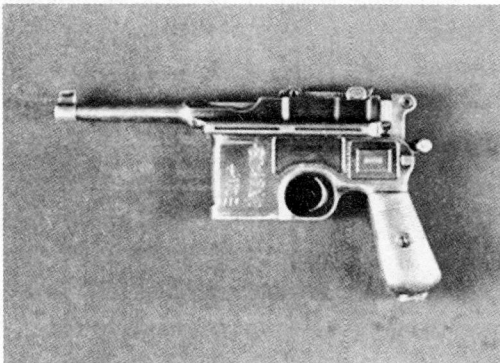

南昌起义时朱德使用过的毛瑟手枪

## 陈赓——不要高官要革命

陈赓在黄埔军校时,曾在一次战斗中,冒着枪林弹雨把蒋介石背下火线,救了蒋介石的一条命。因此,他特别受到蒋介石器重,蒋介石把他留在身边做侍从参谋,只要他投靠蒋介石,必然会飞黄腾达,军长司令都不在话下。但陈赓坚定自己的信仰,铁心跟共产党走。

在会昌战斗中,陈赓左腿两处中弹,脚腕不能动弹,滚到一旁的水沟里,血把水沟都染红了。后来被一位女兵发现,背下了火线。因伤势过重,被组织安排送往上海治疗。陈赓参加南昌起义的战斗经历,充分体现了共产党人对理想信念的坚贞不渝。

### 阅读指导

南昌起义,是中国共产党直接领导的带有全局意义的一次武装暴动。它打响了武装反抗国民党反动统治的第一枪,宣告了中国共产党把中国革命进行到底的坚定立场,标志着中国共产党独立地创造革命军队和领导革命战争的开始,是创建人民军队的开始。

南昌起义与之后的秋收起义、广州起义,作为这段时期百余次大小起义中最为重要的三次起义,极大地扩大了我党的影响力,奠定了良好的群众基础,掀起了一波反抗国民党独裁统治的革命浪潮。

**相关链接**

"中国共产党和中国人民并没有被吓倒,被征服,被杀绝。他们从地下爬起来,揩干净身上的血迹,掩埋好同伴的尸首,他们又继续战斗了。"

——毛泽东

八一南昌起义,在中国共产党生死攸关的危急关头,用血与火的语言向世人宣告,共产党人是吓不倒、杀不绝的,它犹如平地一声春雷,使千百万革命群众又在黑暗中看到了新的希望!从此,中国共产党有了真正属于自己的人民军队,中国革命开创了新的局面!也正因为如此,1933年7月,时任中华苏维埃共和国临时中央政府主席的毛泽东,签署决议,"规定以每年'八一'为中国工农红军纪念日"。多年后又特别指示:中国人民解放军军旗上要有"八一"两字。

　　南昌起义不仅创造了革命史和建军史的奇观,而且铸造了伟大的"八一精神":听党指挥,敢为人先,百折不挠,为民奋斗。其中最根本的一条,是坚持党对军队的绝对领导。这是人民军队的根本原则和制度,是人民军队优秀品格和英雄气概的集中展示,是人民军队不朽的军魂。

　　"八一精神"随着军队的成长而不断丰富,薪火相传到井冈山精神、长征精神等宝贵精神之中,并与这些精神一起铸就了红色文化的永恒主题,成为人民军队克敌制胜的法宝、发展壮大的强大精神动力。

　　坚定信念、听党指挥,"八一精神"诠释了中华民族优秀儿女为共产主义奋斗的执着信仰,成为坚持走中国道路、实现中国梦的重要基石。

### 思考与行动

　　1. 下图是中国人民解放军军旗。请问,"大五角星"和"八一"的含义是什么?

　　2. 时至今日,阅读了"陈赓——不要高官要革命"的故事,你对"高官"与"革命"的关系有何新的认识?

## 第二节　星星之火大燎原

### "挎上盒子枪,师长见军长"

1928 年初,被中共前敌委员会派出与中共湖南省委、湘南特委联系的何长工,给工农革命军带来了一个好消息:他见到了朱德率领的南昌起义军余部。这对正在井冈山地区孤军奋战的工农革命军第一师官兵来说,实在是一个振奋人心的好消息。因为自从南昌起义爆发以来,关于这支部队的消息就很难打听到,报纸上说这支部队已被国民党军吃掉,其领导人已被逮捕。

得知这一情况后,毛泽东立即派第一团和第二团下山去迎接朱德、陈毅的部队。由于当时没有电台,只能是下山四处打探消息。经过艰苦的寻找,终于在 1928 年 4 月初,何长工率领的二团等到了朱德、陈毅部队,两支"武装反抗国民党反动派"的工农武装汇成了一股革命洪流。

1928 年 4 月 24 日前后,工农革命军第一师与朱德、陈毅的部队在砻市广场举行了隆重的会师庆祝大会。这就是后来人人皆知的"井冈山会师"。

庆祝大会是由陈毅主持的,毛泽东、朱德及党政军各界代表都分别讲了话。大会宣读了中共前敌委员会的决定,两支革命武装会师后成立中国工农革命军第四军。前委任命毛泽东为第四军党代表,朱德为军长,王尔琢任参谋长,陈毅任教导大队大队长。

一位老红军说过:毛泽东是从来不拿枪的。不论情形多么险恶,

"朱毛会师"

无论有多少敌兵在追击，毛泽东身上从不带武器。唯有这次大会上他挎上了枪，还不无诙谐地对身边人说："挎上盒子枪，师长见军长。"但开完会后，毛泽东就将盒子枪交给了警卫员，从此，再也没有见过毛泽东拿过枪。

"朱毛"，当时的中国对此传说颇为神奇。这不是两个姓氏的偶然组合，而是代表历史前进方向力量的伟大聚集！

## 师长张子清，为战友献盐

1928年3月，张子清率领第一团，为主力部队撤离担任掩护任务。面对国民党反动武装三个团的阻击，张子清率领红军战士顽强迎战，消灭敌军数百人，为部队转移争取到宝贵时间。战斗中，张子清不幸中弹，整块左脚骨被打断。

5月，中国工农革命军第四军成立，张子清任十一师师长。由于井冈山医疗条件差，张子清的伤一直没有治好。到年底，转到小井红军医院住院治疗。

敌人对井冈山革命根据地实行了严密封锁，各种物资，特别是药品、食盐异常缺乏。最后，连洗伤口的盐也供应不上了，只好用白开水洗，使得不少伤员伤口发炎化脓……食盐如此珍贵，战士们去探望张师长时，都把平时舍不得吃的食盐私攒下来，留给他洗伤口。但张子清一次也舍不得用，他把战士们送给他的食盐用油纸包好，大概有一二两左右，放在枕头边。后来，他听到医务人员焦急地议论医院的盐用光了，便主动找到医院负责人，把自己珍藏的食盐捐献出来。

张子清也是重伤员，当医护人员给他解绷带准备用盐水洗伤口时，他坚决不肯，说："我不洗。"医护人员拗不过他，只好先给其他伤员洗，而战士们一定要医护人员留一点盐水给张师长。张子清发现后，毫不客气地批评医护人员，说："那么一点盐水怎么还会有多的呢？"

就这样，一个个伤员痊愈出院了，但张子清由于伤势较重，伤口反复感染，不得不截去一条腿。1930 年 5 月，由于伤口再次化脓感染，张子清师长不幸在永新逝世。

### 阅读指导

1928 年 10 月，"朱毛"会师井冈山，建立了我党领导的第一个革命根据地。井冈山被誉为中国革命的摇篮，是毛泽东创建工农武装割据，走农村包围城市，夺取全国政权的起点。

在井冈山，工农革命军得到了发展，毛泽东明确提出了工农革命军的三大任务、三大纪律和六项注意；在总结反"围剿"的基础上概括出"敌进我退，敌驻我扰，敌疲我打，敌退我追"的游击战十六字诀。对于建设根据地问题，毛泽东一直把它放在十分重要的位置上。

正如邓小平所言："我们这个军队有好传统。从井冈山起，毛泽东同志就为我军建立了非常好的制度，树立了非常好的作风。"可以说，我党我军后来在不同历史时期形成的伟大长征精神、延安精神、西柏坡精神等，都是对当年井冈山精神的继承和光大。

以"胸怀理想、坚定信念，实事求是、勇闯新路，艰苦奋斗、敢于胜利，依靠群众、无私奉献"为主要内容的井冈山精神，对中国革命的进程产生了广泛而深刻的影响。

**胸怀理想、坚定信念，是井冈山精神的精髓。**大革命失败后，井冈山的革命火种靠什么点燃了"工农武装割据"的燎原之火，照亮了中国革命的前程？靠的就是共产党人对中国革命光明前途的坚定信念和不懈追求。井冈山时期，我们党把马克思主义与中国革命实际相结合，开辟了农村包围城市、武装夺取政权的革命道路，制定了党领导军队的一系列组织制度和纪律。

**艰苦奋斗、敢于胜利，是井冈山精神的重要内容。**井冈山军民自己动手挑粮、种菜、编草鞋、挖草药、熬硝盐、办军械厂，克服各种困难艰险，巩固和扩大了井冈山革命根据地。依靠群众、无私奉献，是井冈山精神在人生观、价值观和道德情操上的具体体现。在井冈山艰苦创业的过程中，红军始终关心群众，相信和依靠群众，同群众打成一片，赢得了群众的拥护和支持，使国民党反动派一进入根据地，就陷入人民战争的汪洋大海。

027

红军歌:"红米饭那个南瓜汤,挖野菜那个也当粮,
毛委员和我们在一起,餐餐味道香、味道香。"

## 思考与行动

1. 请赏析《西江月·井冈山》(毛泽东),撰写读后感。(不少于300字)

　　　　　山下旌旗在望,山头鼓角相闻。

　　　　　敌军围困万千重,我自岿然不动。

　　　　　早已森严壁垒,更加众志成城。

　　　　　黄洋界上炮声隆,报道敌军宵遁。

2. 请运用史实,解读大型雕塑——"井冈山红旗"。

# 第三节　红军不怕远征难

## 长征中的女红军

在红军长征的队伍中,有一个特殊的群体——女红军。她们当中既有中央苏区党政军领导的妻子,也有普通的女干部、女士兵。女红军人数最多的要数红四方面军,包括了一支成建制的妇女部队——妇女独立师。人数最少的是红二十五军,七名随军医院的女护士,人称"七仙女"。

长征中,为摆脱敌人的围追堵截,部队要不停地赶路。女红军如果遇上生理期,尽管腹部绞痛、两腿发抖,但也要捂着肚子一步步往前挪。宿营时,往往三五人挤在一起,躺卧在冰冷潮湿的地上。无奈之下,有的女红军居然练就了站着睡觉的本事。

当时规定,对实在走不动的伤病员,给八块大洋寄养在当地老百姓家里。为了跟上大部队,女红军们提出一个朴素的口号:"不掉队,不带花,不当俘虏,不得八块钱。"战士邓六金患上痢疾,实在走不动路了。上级便拿出八块银圆,劝她留下养病。邓六金坚决不同意:哪怕是死,也要死在队伍里!

妇女运输连连长王泽南更是一位传奇人物。这位裹着小脚参加长征的女红军,过雪山时,唱起自编的歌谣来鼓励战友们:裹脚要用布和棕,包得不紧又不松;到了山顶莫停留,革命道路不能停。最终,她硬是以"三寸金莲"的小脚,一步一步走过雪山草地。

恶劣的自然条件和严重的物资匮乏,使正值青春年华的女红军忘记了自己的性别。为了在作战时不被敌人认出是女的,她们剪去了长发。风餐露宿,长途行军,根本没条件考虑个人卫生问题。红军个个衣衫褴褛、蓬头垢面,头上长满了虱子。彭德怀开玩笑:"无虱不成军,没有虱子的不算长征干部!"每当宿营时,无论男女老少、职务高低,都有一项"必修课"——捉虱子。为此,一些女红军干脆剃成光头。

女红军汪荣华曾回忆:"我们身着单衣,在沼泽地里行军,两脚泡在又臭又凉的水里,其艰苦程度是可以想象得到的……粮食越来越少,不几天,我们就把刚进草地时携带的一袋用青稞做成的炒面和一块鸡蛋大的盐巴吃光了。在这渺无人烟的沼泽地里,到哪里去找粮食呀,没办法就吃野菜,有的同志把脸都吃肿了。最后连野菜也不好找到,只好找来一些牛皮,把牛皮上的毛烧掉,用水煮着吃。"

雕塑:长征中的女红军

漫漫长征路,女红军有的在战斗中牺牲,有的在行军路上倒下,有的因环境条件恶劣而导致生理变化、终生不育,更有在长征途中分娩的母亲,产后不得不忍痛把刚出生的孩子托付给老乡抚养,却从此生死不明……为了革命的胜利，她们牺牲了爱情，牺牲了亲生骨肉，甚至献出了年轻的生命……

## 阅读指导

红军长征的那个年代，中国处在半殖民地半封建社会的黑暗境地，社会危机四伏，日寇野蛮侵略，国民党反动派置民族危亡于不顾，向革命根据地连续发动大规模"围剿"。中国共产党和红军到了危急关头，中国革命到了危急关头，中华民族到了危急关头。

80多年前，带着一颗为实现民族独立和人民解放的"初心"，红军集结出发北上。"长征是一次唤醒民众的伟大远征。"与民同苦，为民而战的理想信念深深植根于人民群众的厚土沃壤，又在人民群众的心田中播撒了理想信念的种子。"长征是宣言书，长征是宣传队，长征是播种机。"

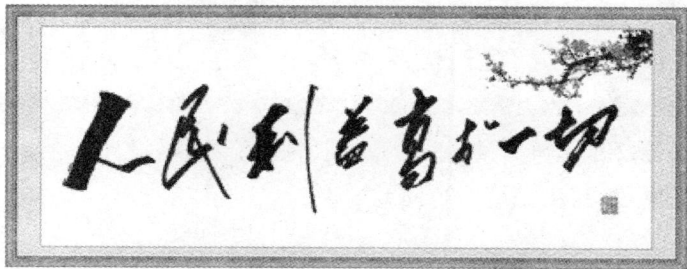

80多年前，中国革命到了最危急的关头，年轻弱小的红军队伍义不容辞地走上长征路，顽强生存，英勇战斗，克服了一个又一个困难，从一个胜利走向另一个胜利。没有理想信念，就不会有血战湘江、四渡赤水、强渡大渡河；没有理想信念，就不会击退上百万穷凶极恶的追兵阻敌，征服空气稀薄的冰山雪岭，穿越渺无人烟的沼泽草地；没有理想信念，就不可能纠正错误路线，从胜利走向胜利。

一个不记得来路的民族，是没有出路的民族。不论党和国家事业发展到哪一步，不论取得了多大成就，都要大力弘扬伟大长征精神，在新的长征路上继续奋勇前进。

今天的长征，仍然有许多"雪山""草地"需要跨越，还有许多"娄山关""腊子口"需要征服，都是具有开创性、艰巨性、复杂性的事业。

"每一代人有每一代人的长征路，每一代人都要走好自己的长征路"，"我们这一代人的长征，就是要实现'两个一百年'奋斗目标、实现中华民族伟大复兴的中国梦。"（习近平语）

## 思考与行动

1. 下图为毛泽东手迹《七律·长征》，请默读毛泽东《七律·长征》，抄写诗文并简要解读《七律·长征》。

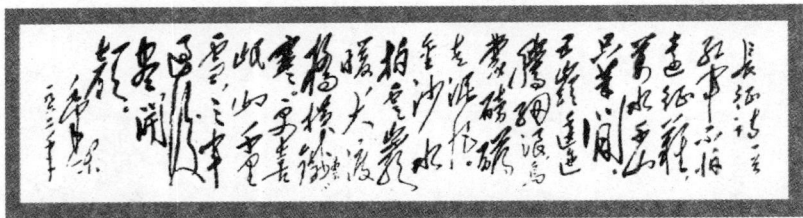

2. 请和同学们一起，模拟重走长征路。要求：设计一个主题；拟定一条路线；写出一篇导游词。

# 第四节  中流砥柱杀敌寇

中国故事

## 英勇的东北抗日联军

东北抗日联军是中国共产党创建的最早的抗日武装。在白山黑水、冰天雪地里他们周旋苦战 14 年,牵制了数十万日伪正规军。杨靖宇、赵一曼、赵尚志,一个个英雄的名字永垂史册。

这是怎样的一种精神？提起白山黑水间的那段抗战岁月,92 岁的抗联老战士李敏不禁热泪盈眶:"没有粮食吃,大家就吃草根、吃树皮、吃皮带、吃棉袄里的棉花籽……在抗联,牺牲比活着容易,但我们得活着,活着打鬼子!"

这是怎样的一种无畏!"如果中国人都投降了,那还有中国吗?"弹尽粮绝,身陷重围,东北抗联第一路军总指挥杨靖宇对前来劝降的人说。

这是怎样的一种壮烈!惨烈的作战,使抗联部队从最多时的 3 万多人锐减到最少时不足 2 000 人。军以上领导干部牺牲 40 多位,师级干部牺牲 100 多位。

中共党员、抗联名将赵尚志牺牲后,敌人残忍地割下他的头颅。得知他的死讯后,赵尚志的老父亲没有落泪,只是平静地对家人说:"我死后,在我坟前戳个板儿,上面写上'赵尚志之父'五个字足矣。"

这就是与穷凶极恶的日本侵略者展开长达 14 年艰苦卓绝斗争的东北抗联。这就是视死如归、宁死不屈,在生与死、血与火的磨砺中熔铸成的伟大的东北抗联精神!

**雕塑：英勇的东北抗联战士**

东北抗联的产生、发展和斗争历程，是一部悲壮惨烈、可歌可泣的史诗。在 5 000 多个殊死搏斗的日日夜夜，东北抗联孤悬敌后，在敌强我弱、环境极端恶劣的条件下，浴血奋战，周旋苦斗。在冬季零下三四十摄氏度的极度严寒中作战，抗联官兵仅穿着有窟窿的单衣；在雪地里宿营、行军，有的官兵脚趾竟被冻掉；没有粮食，树皮、草根竟成为官兵的"美味佳肴"……

东北抗联作战环境之恶劣、条件之艰苦、战斗之惨烈，无法用一个"艰苦卓绝"来说尽。但官兵们在中国共产党的领导下，继续高举抗日旗帜，团结东北各族人民，前赴后继，不屈不挠，以英勇顽强的大无畏革命精神，与日本侵略者进行着殊死斗争。

## 八十二烈士血战刘老庄

刘老庄乡位于江苏省淮安市淮阴区西北 28 公里处，北与古寨乡接壤，南邻五里镇，东接淮高路与老张集乡毗邻，西连 205 国道紧接徐溜镇，京沪高速穿乡而过。

1943 年 3 月 18 日，在刘老庄发生了一场敌我力量异常悬殊的战斗。我新四军三师十九团四连的 82 位勇士，为了挡住 3 000 多日寇对我淮海区党政机关的突然袭击，进行了浴血奋战。这些战士大多经过战火的锤炼，有的还是爬过雪山、走过草地的老红军。他们决心以少抗多，拖住敌人，决不让我党政领导机关蒙受损失。同时，为减少村中人民群众生命财产的损失，四连指战员决定撤到村外开阔地与日寇决战。

从拂晓到黄昏，敌人发动了 5 次冲锋，但在 82 位勇士面前，除留下 200 多具死尸，带走 300 个伤员外，敌人未能前进寸步。恼羞成怒的日寇集中了上百门山炮、迫击炮，向我四连阵地整整轰击了 5 个小时。四连勇士在弹尽粮绝、敌人的炮火不停轰击的情况下，上好刺刀，决心与敌人血战到底。经过一场激烈的白刃战，终因敌我力量悬殊，四连勇士全部壮烈殉国。但日寇妄图合围我淮海区党政机关的阴谋，遭到了彻底的失败。

82 烈士气壮山河的气概，激励了解放区的抗日军民。朱德总司令在《论解放区战场》中，称赞 82 烈士是人民军队"英雄主义的最高表现"。陈毅代军长说这是"惊天地泣鬼神的壮举"。

1955 年，人民政府拨专款重修烈士公墓，兴建了烈士陵园。高大雄伟的烈士纪念塔，是陵园建筑的主体。塔身呈"主"字形，正面由时任苏皖边区政府主席李一氓书写"淮阴八十二烈士"，左侧是三师师长黄克诚的题词："八十二烈士殉国纪念。英勇战斗，壮烈牺牲；军人模范，民族光荣。"右侧是副师长张爱萍的题词："八十二烈士抗敌三千，以少胜众，美名万古传。"

### 阅读指导

中国人民抗日战争的胜利，谱写了中华民族不屈不挠抵抗外来侵略的壮丽史诗，彻底洗刷了近代以后中国屡遭外来侵略的民族耻辱，极大增强了中华民族的自信心和自豪感，也为中国人民在中国共产党领导下开辟实现民族复兴的正确道路创造了重要条件。

今天的中国,已经成为一个具有保卫人民和平生活的坚强能力的伟大国家,中华民族任人宰割、饱受欺凌的时代已经一去不复返了,中国人民正在意气风发地沿着中国特色社会主义道路,为实现"两个一百年"奋斗目标、实现中华民族伟大复兴的中国梦而奋斗。中华民族的发展前景无比光明。

中国人民庄严昭告国际社会:今天的中国,是世界和平的坚决倡导者和有力捍卫者,中国人民将坚定不移地维护人类和平与发展的崇高事业,愿同各国人民真诚团结起来,为建设一个持久和平、共同繁荣的世界而携手努力!

**从历史走向未来**

往事并不如烟。为了牢记历史,铭记中国人民反抗日本帝国主义侵略的艰苦卓绝的斗争,缅怀在中国人民抗日战争中英勇献身的英烈和所有为中国人民抗日战争胜利作出贡献的人们,彰显中国人民抗日战争在世界反法西斯战争中的重要地位,表明中国人民坚决维护国家主权、领土完整和世界和平的坚定立场,弘扬以爱国主义为核心的伟大民族精神,激励全国各族人民为实现中华民族伟大复兴的中国梦而共同奋斗,十二届全国人大常委会第七次会议决定,将9月3日确定为中国人民抗日战争胜利纪念日;每年9月3日国家举行纪念活动。

## 思考与行动

1. **材料**：长期以来，我国中学历史教科书"抗日战争"中的重大战役，只是介绍平型关大捷，现在增加了"淞沪会战"等重大战役。

请指出中学历史教科书增加重大战役"淞沪会战"等的合理性。

2. **信息**："二战"结束后，尽管美国占领当局，对日本进行了和平改造，但日本军国主义势力并没有得到彻底根除。安培政权上台以来，军国主义在政治右倾化思潮中表现明显。右翼势力活跃在日本政界和社会各个领域，企图否认和美化日本的侵略战争历史，通过否认慰安妇、修改教科书及战后日本宪法等为军国主义招魂。

应对上述信息，你认为应该怎么办？

# 第五节　天翻地覆慨而慷

## 小车推出来的淮海战役

淮海战役发起后,地方各级党组织和人民群众,积极响应中央号召,将一针一线、一块铜板、一粒粮食节省下来,集中起来,送往前线,人民群众提出"一切为了支援前线""倾家荡产,支援前方"的豪迈口号,各地涌现出许多父子争着上前线、妻子送郎去前方的动人场面。

**兵马未动,粮草先行**　淮海战役期间,先后有 12 个纵队在徐州东南作战,每天需要粮食 300 万斤,后来随着战事的演进,每天需要 500 万斤之多。前线和后方的解放区人民,节衣缩食,想方设法为子弟兵筹集粮食、碾米磨面、运送粮草。

**不分昼夜,赶制鞋衣**　妇女们为了不让子弟兵受冻,不分昼夜地缝制棉衣、棉被、军鞋,甚至不顾寒冬把自己的棉衣棉被拆了给子弟兵做军衣军鞋。整个战役期间,空旷的皖北平原上,一条条运送物资的长龙在风雪中行进,构成了一幅气吞山河、蔚为壮观的历史画卷。

**修路架桥,争取时间**　战事变化迅速,保证交通顺畅就成了后勤保障工作中的重要一环。双堆集歼灭战前,宿西县民工用了一昼夜的时间修好一段 40 公里的公路,保证了大部队能及时赶到战场;几百名民工,扛着 300 多块门板,在寒风刺骨的冬夜跳进冰水,泡了一夜时间,修好了两座大桥,为华野部队追歼杜聿明集团赢得了时间。

**抢运伤员,肩重道艰**　组织担架队抢运伤员,是支前工作中的

**珍贵照片：送粮上前线**

一项艰巨任务。民工董万仲，支前前一天他的母亲去世，他毅然带领中队参加支前。该支队在他的带领下，冒着生命危险，顶着敌人炮火，共去前线战壕 1 201 次，抢救伤员 856 人，运送战士遗体 355 人。

**并肩作战，情比金坚** 人民群众和地方武装一起破坏敌人运输和通信，直接参加战斗，打击敌人。在战役第一阶段，敌第一〇〇军向徐州撤退时，江淮军区地方武装以一个连配合侦察队消灭敌先头部队一个连，使其全军不敢西撤，后被我军主力部队赶上消灭。随着战役的胜利，许多国民党官兵溃散逃窜，人民群众立即积极行动起来，布下抓捕逃兵的天罗地网。就连杜聿明，也是被宿县张老庄农民段庆香发现后抓获的。

**得民心者得天下** 一位国民党高官曾经点明："共产党策动减租与分田之运动，深合于农民之要求……故能广泛号召农民受其驱使，为其效命。"正是依靠人民群众的伟大力量，人民解放军才有了取得最后胜利的根本保证，才可以造就淮海战役以少胜多的奇迹。正如陈毅元帅后来所说的那样："淮海战役的胜利是人民群众用小车推出来的！"

阅读指导

　　人民解放军从"小米加步枪"开始,最终打败了用美式装备武装的国民党军,夺取了全国政权。

　　解放战争所揭示的深刻历史规律表明,世界上没有任何力量可以代替人民的力量,为人民群众谋利益,才能得到人民群众的支持;与人民群众同甘共苦,才能得到人民群众的信任。得民心者得天下。共产党始终站在大多数人民利益的一边,可以说,解放战争胜利的根本原因,就在于我们是为人民利益而战!

　　1944 年 8 月,刘少奇在中共中央军委会议上建议:"正规军、游击队合起来叫解放军,或加之为国民革命解放军。"这是第一次在正式文献中出现"解放军"的名称。1945 年,朱德下达七道抗日反攻命令,在第四道命令里,第一次提出"人民解放军"的名称。

　　从此,人民解放军这个名称就沿用至今。

　　那么为什么现今和平年代,解放军还叫解放军,不叫别的名字,比如国防军呢?这有很多说法,但并没有一个明确的解释。

英勇的解放军官兵

但是，开国大将粟裕曾经有一个回答。

有一回，军队大院里，有一个军校毕业生回家。粟裕就问了他一个问题："为什么到现在我们的军队还叫'解放军'而不叫'国防军'？"

想了一下，这位学生回答："因为台湾还没有解放。"粟裕高兴地回答："你可以从军校毕业了。"

可见，粟裕是认可这个回答的。

现在过去了这么久，两岸还没有统一。我们的希望当然是尽最大努力争取两岸早日和平统一。但是，我们也表示：决不承诺放弃使用武力。

我们通过了《反分裂国家法》，决不会坐视中国任何一块土地被分裂出去。而保证《反分裂国家法》得到贯彻，最大的法宝就是中国人民解放军！

### 思考与行动

1. 请用 300 字左右的文字，解读下面的图片。

2. 以"我敬仰的人民解放军英雄"为题，拟写 500 字左右的发言稿，在主题班会上与同学们交流。

# 第三章
# 组织建设，富裕人民

中国的命运一经操在人民自己的手里，中国就将如太阳升起在东方那样，以自己的辉煌的光焰普照大地，迅速地荡涤反动政府留下来的污泥浊水，治好战争的创伤，建设起一个崭新的强盛的名副其实的人民共和国。

——毛泽东

## 第一节　发展经济　分配土地

中国故事

### 5＞100

在国家博物馆《复兴之路》基本陈列的展柜内，摆放着一件国家一级文物——第一个五年计划的蓝本，这在当年属于绝密文件。

1953 年，第一个五年计划全面展开。曾经积贫积弱的农业中国，开始迅速走上一条工业强国之路。长春，中国汽车工业的摇篮，1953 年 7 月 15 日，就在这片市郊的荒野上，人们见证了一个历史性的时刻。就在这一天，六位年轻的建设者抬着镶嵌有毛泽东手书的汉白玉，埋下了中华人民共和国汽车工业的第一块基石。从此，连续三年不间断的大会战拉开帷幕。三年后，1956 年的 7 月 13 日，在长春一汽崭新的总装线上，第一辆解放牌汽车试制成功，结束了中国人不会造汽车的历史。

第一辆解放牌汽车试制成功

白手起家的中国人，在那个年代，创造了诸多的奇迹：中华人民共和国生产的第一根无缝钢管、第一架飞机、第一辆卡车，掌握了自己命运的中国人民，不断树立起新的里程碑。

1956 年 10 月 1 日，中华人民共和国成立后的第七个国庆节。游行队伍中，人们的脸上洋溢着由衷的喜悦。这一年，第一个五年计划提前完成。包括苏联援建的项目在内，中国实际实施了九百二十一个大中型项目，工农业总产值平均每年递增 11.9%。短短五年间，我国工业建设和生产所取得的成就，远远超过了中华人民共和国成立前的一百年。

## 钢铁劳模——孟泰

作为中华人民共和国成立后第一代全国劳模。解放之初的东北，可谓百废待兴。1948 年 11 月，孟泰重回鞍山钢铁厂，而此时的鞍钢饱经战乱之后，已经是残破不全了。但是他丝毫没有退缩，爱厂如家，艰苦创业。带领广大工人把日伪时期留下来的废铁翻了个遍，建成了当时著名的"孟泰仓库"。而后又勇于攻克技术难关，先后解决了十几个技术难题，硬是成功自制了大型轧辊，填补了我国冶金历史上的空白。

## 纺织工人——赵梦桃

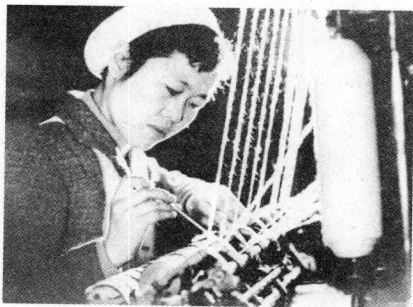

纺织工人——赵梦桃

闻名遐迩的"梦桃精神"，曾是一代又一代纺织工人的学习楷模，而"高标准、严要求、行动快、工作实、抢困难、送方便"的赵梦桃，正是"梦桃精神"的缔造者。在 1952 到 1959 年间，她创造了连续月月完成国家计划的先进纪录，并且还帮助 12 名身边工友，一起成为企业先进工作者。随后，她又创造一套先进的清洁检查操作法，并在陕西省展开全面推广，收效颇丰，成为中国纺织战线上的一面旗帜。

阅读指导

共和国建立伊始，我们面临的是今天无法想象的贫穷和落后。旧中国没有给新中国留下什么值得骄傲的财富，遗留下来的只是一个"一穷二白"、千疮百孔的烂摊子。就是到了国民经济基本恢复的1952年，我国工业水平实际上仍低于1860年的英国、1890年的法国，接近于1910年的俄国。若按人均水平算，几乎落后于英国200年。这就是我们开始现代化建设的基础和起点。

十多万民工、一千四百六十万土石方、十四座隧道、两百多座大小桥梁、四百多个涵洞，完成这些艰巨任务，使用的工具仅仅是简陋的十字镐、大锤、钢钎、锄头和铁锹。很难相信，成渝铁路，这条曾被搁置了四十多年的铁路，在新中国只用了两年时间就全线贯通！

在那段艰难的岁月中，新生的共和国坚持"边打、边稳、边建"的方针，除成渝铁路之外，鞍山钢铁厂、上海电机厂、塘沽新港，一批重大工程相继竣工。在农村，土地改革的完成，使得三亿多新解放区无地少地的农民，无偿获得了七亿亩土地和生产资料，占中国人口绝大多数的农民翻身得了解放。到1952年底，仅仅用了三年，工农业生产就超过了历史最高水平，完成了国民经济恢复的工作。

站立在960万平方公里的广袤土地上，吸吮着中华民族漫长奋斗积累的文化养分，拥有13亿中国人民聚合的磅礴之力，我们走自己的路，具有无比广阔的舞台，具有无比深厚的历史底蕴，具有无比强大的前进定力。中国人民有这个信心，每一个中国人都

有这个信心。

思考与行动

　　1. 中华人民共和国成立之初，"三亿多新解放区无地少地农民，无偿获得了七亿亩土地和生产资料。"请分析这项成就产生的原因及其重要意义。

　　2. 请思考劳动的意义，并制订个人在家庭中的劳动计划。

# 第二节　改革开放　扭转乾坤

## 一封深情的家信

　　安徽省凤阳县小岗村党委原第一书记沈浩,离开了我们。他的事迹感动了中国,他的精神激励着后人,沈浩女儿沈王一(小名汪汪),写下了这封充满深情的信。(摘要)

亲爱的爸爸:

　　我是你的心肝宝贝汪汪。快过年了,汪汪想爸爸了。

　　过去六年,每到这时候,一个念头就在汪汪心里疯长:爸爸在小岗村日夜操劳,除夕夜总该回来陪陪他最疼爱的汪汪了吧?可是,汪汪今年要过一个没有爸爸陪伴的春节了。

　　爸爸,你离开奶奶、妈妈和汪汪已经整整三个月了。汪汪把你的名片一直放在学校饭卡的胸牌里,捂在心口,想你了就掏出来看。名片背面,是小岗村的牌楼和地图。果真,牌楼入了我的梦。近来,汪汪老是做小岗村和你的梦,总是从牌楼外向里望,一没看到你,就急醒了。醒来后,就睁眼找爸爸、想爸爸……小岗村的牌楼老在眼前晃,你的墓地在村里,你的乡亲在村里,你的抱负在村里,你的魂灵一定也在村里,在那牌楼后面!

　　整整六年前,也是早春二月,你踏上了小岗的土地,陪你的是汪汪送你的新相框,不到10岁的我以为你是去当"大官"了,欢喜地在相片背面歪歪扭扭地写上那几行字:"我爱你爸爸,祝你身体健康,万事如意,还有,别做贪官。"不知道你一直把汪汪的相片放在桌前陪伴,但知道你很听汪汪的话,做了一个好官。因为没有人照料,汪汪被送到老家寄读,尝到了"大官"女儿的种种"坏处":周末无法跟父母出去玩儿,一家人不在一起吃饭,最怕的是开家长会……汪汪可能是有点儿自私,可汪汪只是想像别的小伙伴一样有一个正常的家庭生活,为什么他们有的而我却没有?爸爸,你走后,汪汪读了你的事迹报道,读了你写的日记,才知道你不只是我的爸爸,不只属于汪汪,不只属于奶奶、妈妈和我们这个家。爸爸是党的人,属于小岗村,属于农民叔叔伯伯。

过完年,我就快16岁了,爸爸。我感谢我人生的前15年,有你陪我度过。15年,注定了一辈子的缘分,汪汪永远是你的女儿,与你有永世的缘,要不汪汪怎么和爸爸一模一样在左肩和右太阳穴的地方各长了一颗痣呢?要不怎么大人们都说汪汪和浩子的相貌、性格都那么相像呢?要不汪汪怎么老是在梦中见到爸爸呢?爸爸,如今家里吃饭,妈妈和汪汪总是先盛一碗给你,然后一勺一勺地替你吃了,像是你吃完的;家里的最后一道门,还在为你留着,等你随时回家,爸爸!

爸爸,今年过年,汪汪不能陪你了,你要好好过啊。你要老想着你的小狗狗汪汪。如果真有来世,在茫茫人海中,我们还做父女,汪汪还是你的乖女儿……

永远爱你的汪汪　沈王一

2010 年 2 月 6 日

＋·＋·＋·＋·＋·＋·＋·＋·＋·＋·＋·＋·＋·＋·＋·＋·＋·＋·＋·＋·＋·＋·＋·＋·＋·＋·

## 相关链接

1978 年冬,小岗村 18 位农民以"托孤"的方式,冒险在土地承包责任书上按下鲜红的手印,实施了"大包干"。这一"按"成了中国农村改革的第一份宣言,它改变了中国农村的发展史,掀开了中国改革开放

的序幕。小岗村从此闻名全
国，由普普通通的小村庄一
跃而为中国农村改革第一
村。"保证国家的，留足集体
的，剩下的都是自己的"，大
包干在保证国家税收和集体
收入不减少的同时，使农民
富裕了起来。

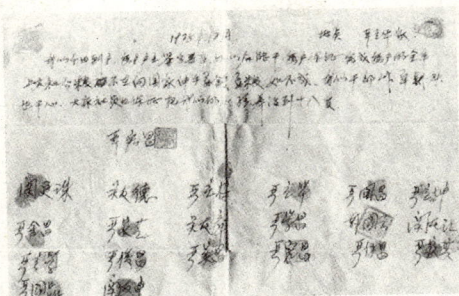

**18 枚红指印**

## 一位老人的视野

岁月如流，深圳经济特区快 40 岁了。

当年，世纪伟人邓小平划的"圆"——深圳经济特区，从一个渔
火薄田的边陲小镇，如今发展成为欣欣向荣的现代化城市。深圳借
改革开放的东风，更是借助全国的力量，在荒野上书写着灿烂华章。

邓小平是创办经济特区的主要决策者。早在 1979 年 4 月，他在
听取当时中共广东省委主要负责人的汇报后说：可以划出一块地方
叫作特区。陕甘宁就是特区嘛，中央没有钱，要你们自己搞，杀出一
条"血路"。

1984 年初，特区建设遇到不少困难和阻力，有些人对办特区持
怀疑观望态度。邓小平来到深圳视察，说："建设经济特区是中央提
倡的，要来看看建设得怎么样。"

邓小平等在深圳特区期间，曾登上二十层高的国际商业大厦，
眺望正在建设中的新城区市容，对特区的建设发展速度表示满意。

2 月 24 日，邓小平回京后，谈话说："我们建立经济特区，实行开
放政策，有个指导思想要明确，就是不是收，而是放。这次我到深圳

一看，给我的印象是一片兴旺发达。深圳的建设速度相当快，盖房子几天就是一层，一幢大楼没有多少天就盖起来了。那里的施工队伍还是内地去的，效率高的一个原因是搞了承包制，赏罚分明。深圳的蛇口工业区更快，原因是给了他们一点权力，500万美元以下的开支可以自己作主。""他们的口号是'时间就是金钱，效率就是生命'。""听说深圳治安比过去好了，跑到香港去的人开始回来，原因之一是就业多，收入增加了，物质条件也好多了，可见精神文明说到底是从物质文明来的嘛！"

**昔日深圳**

　　时隔8年之后，1992年1月19日，邓小平又一次踏上处于改革开放前沿的深圳这块热土。当劝他老人家好好休息时，邓小平毫无倦意，说："到了深圳，我坐不住啊，想到处去看看。"

　　5天视察后，邓小平发表了重要的南方谈话。当谈到办经济特区问题时，小平说，对办特区，从一开始就有不同意见，担心是不是搞资本主义。深圳的建设成就，明确回答了那些有这样那样担心的人。特区姓"社"不姓"资"。从深圳的情况看，公有制是主体，外商投资只占四分之一，就是外资部分，我们还可以从税收、劳务等方面得到益处嘛！多搞点"三资"企业，不要怕。只要我们头脑清醒，就不怕。我们有优势，有国有大中型企业，有乡镇企业，更重要的是政权在我们手里。有的人认为，多一分外资，就多一分资本主义，"三资"企业多了，就是资本主义的东西多了，就是发展了资本主义。这些人连基本常识都没有。

在国贸大厦 53 层旋转餐厅参观时，邓小平充分肯定了深圳在改革开放和建设中所取得的成绩。他说，要坚持两手抓，一手抓改革开放，一手抓打击各种犯罪活动，这两只手都要硬。打击各种犯罪活动，扫除各种丑恶现象，手软不得。他还谈到中国要保持稳定；干部和党员要把廉政建设作为大事来抓；要注意培养下一代接班人等重大问题。

邓小平说，改革开放胆子要大一些，敢于试验，不能像小脚女人一样。看准了的，就大胆地试，大胆地闯。深圳的重要经验就是敢闯。没有一点闯的精神，没有一点"冒"的精神，没有一股气呀、劲呀，就走不出一条好路，走不出一条新路，就干不出新的事业。

**今日深圳**

　　邓小平还指出："社会主义的本质，是解放生产力，发展生产力，消灭剥削，消除两极分化，最终达到共同富裕。证券、股市，这些东西究竟好不好，有没有危险，是不是资本主义独有的东西，社会主义能不能用？允许看，但要坚决地试。看对了，搞一两年对了，放开；错了，纠正，关了就是了。关，也可以快关，也可以慢关，也可以留一点尾巴。怕什么，坚持这种态度就不要紧，就不会犯大错误。"

## 阅读指导

　　改革开放是当代中国最鲜明的特色，是我们党在新的历史时期最鲜明的旗帜。改革开放是决定当代中国命运的关键抉择，是党和人民事业大踏步赶上时代的重要法宝。

　　改革必须坚持正确方向，既不走封闭僵化的老路，也不走改旗易帜的邪路。我们要把完善和发展中国特色社会主义制度、推进国家治理体系和治理能力现代化，作为全面深化改革的总目标，勇于推进理论创新、实践创新、制度创新以及其他各方面创新，让制度更加成熟定型，让发展更有质量，让治理更有水平，让人民更有获得感。

　　我们坚持以经济体制改革为重点，坚持社会主义市场经济改革方向，全面深化经济体制、政治体制、文化体制、社会体制、生态文明体制和党的建设制度改革。

　　改革往往都是从易到难。我们的改革更加注重系统性、整体性、协同性，敢于涉深水区、啃硬骨头。我们以勇于自我革命的气魄、坚忍不拔的毅力推进改革，敢于向积存多年的顽瘴痼疾开刀，敢于触及深层次利益关系和矛盾，坚决冲破思想观念束缚，坚决破除利益固化藩篱，坚决清除妨碍社会生产力发展的体制机制障碍。

**相关链接**

改革开放近40年,到明年我们要隆重地纪念一下,明年就是40年,在中国共产党领导下,中国人民凭着一股逢山开路、遇水架桥的闯劲,凭着一股滴水穿石的韧劲,成功走出一条中国特色社会主义道路。我们遇到过困难,我们遇到过挑战,但我们不懈奋斗、与时俱进,用勤劳、勇敢、智慧书写着当代中国发展进步的故事。

——习近平

改革和法治如鸟之两翼、车之两轮。我们坚持走中国特色社会主义法治道路,加快构建中国特色社会主义法治体系,建设社会主义法治国家。全面依法治国,核心是坚持党的领导、人民当家作主、依法治国有机统一,关键在于坚持党领导立法、保证执法、支持司法、带头守法。在全社会牢固树立宪法法律权威,弘扬宪法精神,任何组织和个人都必须在宪法法律范围内活动,都不得有超越宪法法律的特权。

**思考与行动**

1. 寻找身边改革开放的成功案例,与同学们交流。
2. 阅读下面的报道,谈谈你的感想。

**报道**:国务院办公厅印发《关于禁止洋垃圾入境推进固体废物进口管理制度改革实施方案》,方案中表示,未经分拣的废纸将"禁止进口"。

据统计:此前,中国的废料回收公司每年都会从其他国家进口上百万公吨的废物,作循环再造之用。仅2016年,从欧洲、日本和美国就进口了730万公吨废料胶和2 700万吨废纸。

# 第三节 让市场说话

## 从钢城到休养胜地

冬天的贤家村,依旧艳阳高照,绿植掩映的润雨轩康养小院在明媚的阳光下更显温馨。外来越冬的住户们有的在织毛衣,有的在看报纸,有的在搓麻将……好不悠闲。"院长"一通又一通地接着电话,不断向客户解释春节的房间已经订满了。

在贤家村,这样的康养小院有 22 个,可以同时接待 2 400 多人。十九大报告提出,必须树立和践行绿水青山就是金山银山的理念。贤家村支部书记说:"党中央的好政策,让我们建设阳光康养新村的信心更大,后劲更足!"

贤家村是四川攀枝花这个资源型城市,探寻绿色转型发展的一个缩影。20 世纪 60 年代,在川滇交界大山深处的攀枝花,依托丰富的矿产资源建成全国闻名的"百里钢城"。但近年来受产能过剩和生态红线的双重挤压,逐渐陷入钢铁"一业独大"的困境。

"城市越建越大,炼钢厂、炼铁厂越来越多,但污染也越来越重。"从 1974 年支援三线建设举家从黑龙江迁来至今,87 岁的俞雪瀛老人已经在攀枝花生活了 43 年,经历过钢铁大发展时代的辉煌,也深切感受到长期粗放生产带来的环境问题。

"转型已是箭在弦上。"攀枝花不可复制的比较优势是地下的钒钛和天上的太阳。下一步发展,攀枝花人决心做好这两篇文章,大力支持传统产业优化升级,不断培养绿色低碳新动能。

轧机快速运转、红钢飞驰而过……走进攀钢钒轨梁厂车间,眼前一片火热繁忙的景象。和其他钢铁厂不同,这里生产的钢轨因为含有钒和钛,具有更好的柔韧性和耐磨性,成为全国最大的高铁钢轨和出口钢轨供应基地。

节能环保也同步跟进。"攀钢钒轨梁厂目前已实现废水循环利用零排放,今年吨钢能耗比去年节省了5公斤标煤,明年计划再降5公斤。"攀钢钒轨梁厂副厂长说,要实现绿水青山就不能再走"污染换发展"的老路。

从环境困境中解脱出来的攀枝花,有了底气发展阳光经济。攀枝花年平均气温在20℃左右,一年四季阳光充足,鲜花盛开,瓜果不断,尤其是冬天温暖如春,非常适合发展绿色康养产业。

**昔日钢城,如今老年人的休养胜地**

刚刚组建的康养旅游专业合作社,计划对接待服务、价格制定、环境打造、医疗卫生等方面进行标准化打造。目前,攀枝花像这样的康养服务场所已经有69个,涵盖各类康养床位7.3万张。但每年从外地入攀过冬的"候鸟老人",已经由2013年的3万人次增加到15万人次,床位供不应求。

　　实际上，挖掘阳光资源的领域不止于此。攀枝花人将康养融入农业、工业、旅游、体育及医疗等多个方面，形成多业并进的态势，让阳光资源真正成为攀枝花新的绿色经济动能。

## 贵州"老干妈"

　　一个没上过学、只会写自己名字的农村妇女，可以说目不识丁。她白手起家，居然在短短的 6 年间，创办出了一家资产达几十亿元的私营大企业！创造这个创业传奇的农村妇女，名叫陶华碧。

　　**白手起家**　由于家里贫穷，陶华碧从小到大没读过一天书。20岁时，她嫁给了 206 地质队的一名队员；但没过几年，丈夫就病逝了，扔下了她和两个孩子。为了生存，她只能去外地打工和摆地摊。

　　1989 年，陶华碧用省吃俭用积攒下来的一点钱，用四处捡来的砖头盖起了一间房子，开了个简陋的餐厅，专卖凉粉和冷面。为了佐餐，她特地制作了麻辣酱，专门用来拌凉粉，结果生意十分兴隆。

　　有一天早晨，陶华碧起床后感到头很晕，就没有去菜市场买辣椒。谁知，顾客来吃饭时，一听说没有麻辣酱，转身就走。这件事对陶华碧的触动很大。她一下就看准了麻辣酱的潜力，从此潜心研究起来。经过几年的反复试制，她制作的麻辣酱风味更加独特。很多客人吃完凉粉后，还买一点麻辣酱带回去，甚至有人不吃凉粉却专门来买她的麻辣酱。

　　后来，她的凉粉生意越来越差，而麻辣酱却做多少都不够卖。一天中午，她的麻辣酱卖完后，吃凉粉的客人就一个也没有了。她关上店门，走了 10 多家卖凉粉的餐馆和食摊，发现他们的生意都非常好。原来就因为这些人做佐料的麻辣酱都是从她那里买来的。

　　经过一段时间的筹备，陶华碧舍弃了苦心经营多年的餐厅，1996 年 7 月，她租借村委会的两间房子，招聘了 40 名工人，办起了食品加工厂，专门生产麻辣酱，定名为"老干妈麻辣酱"。

　　办厂之初的产量虽然很低，可当地的凉粉店还是消化不了，陶华碧亲自背着麻辣酱，送到各食品商店和各单位食堂进行试销。不过一周的时间，那些试销商便纷纷打来电话，让她加倍送货；她派员工加倍送去，很快就脱销了。

　　1997年6月，"老干妈麻辣酱"经过市场的检验，在贵阳市稳稳地站住了脚。

　　**以情经商**　1997年8月，"贵阳南明老干妈风味食品有限责任公司"正式挂牌，工人一下子增加到200多人。此时，对于陶华碧来说，最大的难题并不是生产方面，而是来自管理上的压力。

　　虽然没有文化，但陶华碧明白这样一个道理：帮一个人，感动一群人；关心一群人，肯定能感动整个集体。果然，这种亲情化的"感情投资"，使陶华碧和"老干妈"公司凝聚力只增不减。在员工的心目中，陶华碧就像妈妈一样可亲可爱可敬；在公司里，没有人叫她董事长，全都叫她"老干妈"。

"老干妈"陶华碧

　　在豆豉辣酱的销售刚刚起步时，玻璃厂觉得"老干妈"的玻璃瓶要货量少，不太愿意接这单生意，陶华碧急了，她质问玻璃厂厂长："哪个娃儿是一生下来就一大个，都是慢慢长大的嘛，今天你要不给我瓶子,我就不走了。"软磨硬泡了几个小时后,双方达成如下协议:玻璃厂允许她每次用提篮到厂里捡几十个瓶子拎回去用,其余免谈。

现在"老干妈"百分之六十产品的玻璃瓶,都由这个玻璃厂生产,4 条生产线,有 3 条都是为"老干妈"24 小时开动。

**超常敏锐力**　陶华碧虽然不识字,但她的记忆力和心算能力惊人,财务报表之类的东西她完全不懂,"老干妈"也只有简单的账目,由财务人员念给她听,她听上一两遍就能记住,然后自己心算财务进出的总账,立刻就能知道数字是不是有问题。

陶华碧创业成功,靠的是对机会的敏感,自身过硬的技术,诚信做生意以及在企业管理上的凝聚人心。

## 阅读指导

党的十九大会议期间,习近平总书记在参加贵州省代表团分组讨论时,了解到盘州 1 012 户村民入股兴办酒厂,定位"人民白酒"的岩博酒要卖 99 元后,亲切地说道:"99 元也不便宜了。不在于贵,太贵的酒反而不一定卖得好。这是市场问题,要按市场来。不能我一说你就按 30 卖了。"

这一段谈话戳中了许多企业家和消费者的心窝,由微见著地点明了让市场在资源配置中发挥决定性作用,无论企业和党员干部都应尊重市场客观规律的朴素道理。

现在,我国社会主义市场经济体制已经初步建立,市场化程度大幅度提高,我们对市场规律的认识和驾驭能力也不断提高,宏观调控体系更为健全,主客观条件具备,我们应该在完善社会主义市场经济体制上迈出新的步伐。

进一步处理好政府和市场关系,实际上就是要处理好在资源配置中是市场起决定性作用还是政府起决定性作用这个问题。经济发展就是要提高资源尤其是稀缺资源的配置效率，以尽可能少的资源投入生产尽可能多的产品，获得尽可能大的效益。

理论和实践都证明，市场配置资源是最有效率的形式。市场决定资源配置是市场经济的一般规律，市场经济本质上就是市场决定资源配置的经济。健全社会主义市场经济体制必须遵循这条规律，着力解决市场体系不完善、政府干预过多和监管不到位的问题。作出"使市场在资源配置中起决定性作用"的定位，有利于在全党全社会树立关于政府和市场关系的正确观念，有利于转变经济发展方式，有利于转变政府职能，有利于抑制消极腐败现象。

当然，我国实行的是社会主义市场经济体制，我们仍然要坚持发挥我国社会主义制度的优越性，发挥党和政府的积极作用。市场在资源配置中起决定性作用，并不是起全部作用。

思考与行动

1. 在家人帮助下，去超市或菜场购买一瓶"老干妈"，回家后尝尝它的味道，并向家人介绍"老干妈"的故事。

2. 利用业余时间，连续三周去菜场或超市购买同一种蔬菜（或水果），记录其价格情况，分析其涨跌的可能原因。

# 第四节 "一个都不能少"

## "耶鲁村官"

20 岁，秦玥飞以优异的成绩考入耶鲁大学，许多人以为这是一条穿西装、拿高薪的富贵路。

26 岁，秦玥飞从耶鲁毕业后，来到湖南一个小山村。

**当村官的实干路**　湖南省衡山县的贺家山村，是个山里的普通村庄，2011 年 8 月，"村官"小秦在这里正式上岗。为了尽快融入村民，秦玥飞改掉"一天洗两次澡"的生活习惯，长期穿着老乡送的一双解放牌胶鞋。夏天的 T 恤稍微花哨，便反过来穿。为了能让村里的老人记住自己，他尽量以固定颜色和样式的穿着出现在乡亲们面前。

仅仅一年时间，无钱无背景的他，帮村民引进 80 万元资金，为当地改善水利灌溉系统，硬化道路，安装路灯，修建现代化敬老院，为乡村师生配备平板电脑开展信息化教学……秦玥飞说，任何一个项目都会做好详尽的预算和规划。他不自作主张替村民做任何决定，但只要是村民要办的事，绝不允许自己办不到。秦玥飞成了"贺家山的人"，村民们都亲切地叫他"耶鲁哥"。

**用"造血"建设乡村**　2014 年服务期满，秦玥飞放弃提拔机会，转至白云村续任大学生村官。他认为"输血"并非最可持续的乡村发展模式，转变模式用"造血"建设乡村。秦玥飞带领村民创办农民专业合作社发展山茶油产业，通过创业创新，为当地创造可持续发展动力。

　　为吸引更多优秀人才服务乡村，秦玥飞与耶鲁中国同学发起了"黑土麦田公益"项目，招募支持优秀毕业生到国家级贫困县，从事精准扶贫和创业创新。近30名来自清华、北大、复旦、人大、中国社科院等院校的"乡村创客"，在15所村庄开展产业扶贫与创业创新，得到当地政府与村民的好评。

　　"我觉得乡村有巨大的人口在那，而且幅员非常辽阔，有很大的潜力，当然也存在一些改进的空间。正好是年轻人施展才华、施展抱负的地方。"这个梦想秦玥飞越来越坚定。

秦玥飞

**相关链接**

　　在殿堂和田垄之间，你选择后者。脚踏泥泞，俯首躬行，在荆棘和贫穷中拓荒，洒下的汗水是青春，埋下的种子叫理想。守在悉心耕耘的大地，静待收获的时节。

——"感动中国 2016 年度人物"写给秦玥飞的颁奖词

## "真是想都想不到"

韦开波,是温州泰顺县罗阳镇林水洋自然村的村民。如今每当夜幕降临,他都会到小区里遛弯,沿着花岗岩铺成的绿道,看看周边的美景。

就在两年前,他还住在大山深处的小村庄,村里都是木质结构的老房子。2016年,在享受政府各项政策优惠后,韦开波仅用十几万元就住进了"阳光家园"小区120平方米的套房。提起这番"巨变",韦开波连连感叹:"真是想都想不到"。

泰顺出台了一系列相关政策,农民可整合享受农村危旧房改造政策、抗震安居工程相关政策、生态移民政策等,使众多像韦开波这样的山区群众落户县城,住上了好房。

异地搬迁是解决偏远山村增收致富的治本之策,也是推进新型城市化建设、统筹城乡发展的有效途径。结合生态保护、饮用水源地保护、地质灾害点搬迁、危旧房改造等工作,泰顺县已完成异地搬迁1.7万人。

而在泰顺县三魁镇戬州村,近百名村民正在家门口加工来料。村民不用外出打工,在家门口实现就业,成为附近低收入农户增收致富的"靠山"。

"90后"青年吴明城,是聚民鞋业有限公司的总经理。"2012年我大专毕业,正好姐夫办起了来料加工厂,我便回家帮忙。一年后姐夫外出发展,我便一人开厂。"

他说,目前公司有4个加工点,有车工80多人,小工30人,年产值300多万,年均为低收入农户增收3万元左右。

戬州村的故事,也是温州许许多多山区村的缩影。今年温州全市来料加工从业人员保持在9万人左右,其中带动低收入农户9 648人,前三季度已发放来料加工费超过6亿元,从业人员人均年加工费收入预计近万元。

"全面建成小康社会，一个不能少；共同富裕路上，一个不能掉队。"当下，温州向着全面建成小康社会的目标冲刺，精准扶贫，成为补齐短板的重要一块。

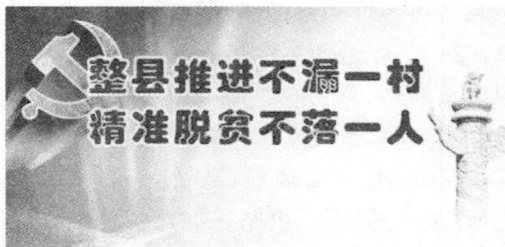

## 阅读指导

前三十年的社会主义改造建设，后三十多年的改革开放，使中国人民甩掉了贫困帽子，但中国的扶贫任务仍然非常艰巨。加快贫困地区、贫困人口脱贫致富奔小康，不仅是政治问题、经济问题，也是重大的社会问题、民生问题，事关战略全局。

**相关链接**

消除贫困，改善民生，实现共同富裕，是社会主义的本质要求，是我们党矢志不渝的奋斗目标。打好脱贫攻坚战，是全面建成小康社会的底线任务。

到2020年，我国现行标准下农村贫困人口实现脱贫，是我们的庄严承诺。一诺千金。到2020年只有3年的时间，全社会要行动起来，尽锐出战，精准施策，不断夺取新胜利。

3年后如期打赢脱贫攻坚战，这在中华民族几千年历史发展上将是首次整体消除绝对贫困现象，让我们一起来完成这项对中华民族、对整个人类都具有重大意义的伟业。

——习近平

063

必须理性地承认，贫富分化是发展不平衡的表现和结果。中国要强，农业必须强；中国要美，农村必须美；中国要富，农村必须富。精准扶贫就是众志成城，以共同的使命、共同的愿景、共同的责任，凝聚全国上下和各级各界的力量，促使落后地区争取早日跟其他发达地区一道共同进步，让全体人民都过上更加幸福美满的生活。

实施乡村振兴战略，是我们党"三农"工作一系列方针政策的继承和发展，是中国特色社会主义进入新时代做好"三农"工作的总抓手。必须立足国情农情，切实增强责任感使命感紧迫感，举全党全国全社会之力，以更大的决心、更明确的目标、更有力的举措推动农业全面升级、农村全面进步、农民全面发展，谱写新时代乡村全面振兴新篇章。

共同富裕是社会主义的本质规定和根本原则，是中华民族多少年来多少代人的梦想，是无数仁人志士为之奋斗的理想，是中国共产党带领中国人民孜孜追求的目标。共同富裕，是消除两极分化和贫穷基础之上的普遍富裕，是"共同"和"富裕"两个方面的有机结合，即价值追求和制度设计的有机统一。

精准扶贫做实三件事：一是发展生产要实事求是，二是要有基本公共保障，三是下一代要接受教育。

精准扶贫号角的吹响，是中国共产党在人类发展史上一曲极为重要的时代强音，是对美好未来设计国强民富的路线图，凝聚着党和人民实现中华民族伟大复兴的不懈追求。

**思考与行动**

1. 调查：你身边有没有贫困人口或贫困家庭？

2. 请认真思考，提出创意，帮助你身边的贫困人口或贫困家庭脱贫致富。

使 命 篇

实现中华民族伟大复兴

实现中华民族伟大复兴是近代以来中华民族最伟大的梦想。中国共产党一经成立，就把实现共产主义作为党的最高理想和最终目标，义无反顾肩负起实现中华民族伟大复兴的历史使命，团结带领人民进行了艰苦卓绝的斗争，谱写了气吞山河的壮丽史诗。

# 第一章
# 中华民族站起来了

> 我们有一个共同的感觉,这就是我们的工作将写在人类的历史上,它将表明:占人类总数四分之一的中国人从此站立起来了。
>
> ——毛泽东 中国人民政协第一届会议上的开幕词

## 第一节 五星红旗,在天安门广场升起

### 中国故事

### 永恒的集体记忆

1949 年 10 月 1 日,中华人民共和国中央人民政府成立典礼,即开国大典,在北京天安门广场隆重举行。

下午 3 点,中央人民政府委员会秘书长林伯渠宣布中央人民政府成立典礼开始。毛泽东主席向全世界庄严宣告:"中华人民共和国中央人民政府今天成立了!"

在代国歌《义勇军进行曲》的雄壮旋律中,毛泽东按动电钮,第一面五星红旗在天安门广场冉冉升起。

广场上,54 门礼炮齐鸣 28 响,象征着中国共产党领导全国各族

人民艰苦奋斗 28 年的光辉历程。

阅兵式开始,朱德总司令在阅兵总指挥聂荣臻的陪同下,乘敞篷汽车检阅部队。中国人民解放军受阅部队列成方阵,迈着威武雄壮的步伐,由东向西分列式通过天安门广场。与此同时,刚刚组建的人民解放军空军战斗机、轰炸机,凌空掠过天安门广场,接受检阅。

## 保守秘密 50 年

40 多年前,天安门升国旗是一个人的仪式。从 1951 年到 1976 年,原北京供电局的普通工人胡其俊,默默一人承担着广场的升旗、降旗任务,25 年来风雨无阻。

第一面五星红旗在天安门广场升起

1951 年 10 月 1 日,第一次升国旗,胡其俊说:"当时我 22 岁,刚参加工作不久,第一次领到这么重大的任务,激动得一宿儿没睡。"

"10 月 1 日是国庆,天安门要升国旗,9 月 30 日我接到通知,从天安门管委会领回国旗后,我这心里面就开始七上八下,又高兴又害怕。高兴的是能亲手升起共和国的国旗,这可是全国最大的一面旗,害怕的是万一出点儿差错该怎么办?"胡其俊对当时的情景记忆犹新。"晚上我翻来覆去睡不着,干脆就不睡了,在脑子里一遍遍地过升旗的程序。当时家里没有表,估摸着差不多了就爬起来,扛着旗子到了天安门广场。"

那时没有为升旗开专门的口,要想到达旗杆,需要翻过一米多高的汉白玉栏杆,把配电箱的箱盖打开,登着箱盖爬上两米高的旗杆台,把旗子绑在旗杆的钢丝上,绑好后再从台子上跳下来。那天绑好旗子后,天才蒙蒙亮,胡其俊就蹲在基座下面。等着东方泛出些微红,便按下按钮。旗子缓缓地升上去了,胡其俊还不放心,跑到人民英雄纪念碑前看看是否升到顶了,后来他又爬到天安门城楼上去看,远远看到五星红旗高高飘扬在旗杆的顶端,这才踏实下来。

胡其俊将升旗的秘密保守了整整 50 年。他的老伴李淑萍,到现在还是说不清她的丈夫是做什么工作的,印象最深的就是,每逢柬埔寨西哈努克亲王来的时候,胡其俊一大早就会神秘地失踪。当时很是奇怪,"现在含含糊糊地知道了,但他还是从来都没有给我一个确切的回答。"当着大家的面,胡其俊笑得很是神秘:"我们做的可是保密工作哟。"

## 首任天安门国旗班班长董立敢

"我肩扛的是祖国第一旗,升起的是中华民族的希望,展示的是伟大的中华人民共和国的尊严。"振臂一挥,红旗飘扬。回想起当年执行天安门升旗任务时的情景,身高 1.75 米的老班长董立敢依旧心潮澎湃。

**农村娃成了国旗手**　1958 年一个春暖花开的季节,董立敢出生在安徽泗县黑塔镇一个农民家庭。上学后的董立敢对北京充满了向往,"去北京看看"是他最大的梦想。

18 岁时,"部队来征兵,我和几个伙伴结伴去应征,希望能够在北京圆自己的军旅梦。"这次投笔从戎,让董立敢一下子圆了两个梦想——到北京，成为一名军人。

1976 年，北京卫戍区官兵接过国旗升降任务。1982 年底，升降国旗的任务落在武警部队的队列班身上，这就是最早的国旗班，当时担任队列班班长的董立敢，也成为国旗班的首任班长。

经党中央批准，自 2018 年 1 月 1 日起，
由人民解放军担负国旗护卫和礼炮鸣放任务

**规范化升国旗仪式**　1983 年前，升旗仪式并不像现在这般威严、正式。那时实行两人升旗仪式，旗手也没有配备手枪。

董立敢与战士们开始考虑改进升旗仪式。他们参照中央警卫团三军仪仗队的迎宾礼仪，拟制了天安门广场国旗的升旗方案。经过逐级审批，天安门升国旗第一套规范化的仪式就此诞生了。后来，国旗班改为国旗护卫队，升国旗的队伍又从 3 人增为 36 人。

董立敢还大胆创新，和战友们一起制订了我国第一份"国旗升降时间表"。董立敢说，当时一方面参考气象台的资料，一方面通过观察，制订了时间表，这样就可以确保国旗与太阳同升同落。

**代表着庄严与骄傲**　"国旗是国家的象征，民族的骄傲，它凝结着全国人民对新中国的无限热爱。作为一名国旗班战士，在执行升旗任务时，我始终告诫自己，我的任何一个动作都要与国旗的庄严相匹配。"董立敢说，新人进入国旗班后，至少要经过半年的训练，才能参与升旗仪式。这些训练极其艰辛、枯燥，如果没有坚强的毅力，绝对坚持不下来。"展旗手得举着哑铃练手臂的力量，常常练得手臂都肿了。烈日下，战士们腿夹扑克牌、衣领上别细针，一站就是几个小时，全身汗湿，却个个纹丝不动。"

天安门升国旗仪式上，升旗手总是衣着笔挺，这也是董立敢当年定下的规矩。董立敢说，一开始对穿着没什么要求，冬天就穿着棉衣去升旗。董立敢认为穿棉衣显得有点臃肿，于是征询战友们的意见，希望无论寒冬酷暑，都能统一服装。他的建议立即得到了大家的赞同。

于是，"冬不穿棉，夏不穿单"这句话在国旗班里传开了，战士们也用实际行动履行着这个承诺。董立敢说，夏天，升旗手的汗水流到了鞋里；冬天，战士们敬完礼手都放不下来，回宿舍后要用暖气烘好一阵子身体才能暖和起来。

训练无疑是艰辛的，但国旗升起的那一刻，荡漾在旗手心间的却是自豪与光荣。"我肩扛的是祖国第一旗，升起的是中华民族的希望，展示的是伟大的中华人民共和国的尊严。"董立敢说，每当他擎着国旗来到天安门广场，亲手升起国旗时，一种民族的自豪感就会油然而生，那是他最幸福、最自豪、最激动的时刻。

## 阅读指导

中华人民共和国的诞生，使亿万中国人民成了国家、社会和自己命运的主人，满怀豪情开始了实现国家富强、民族振兴、人民幸福的伟大征程。

历史，往往需要经过岁月的风雨才能看得更清楚。回首往事，我们更加清晰地感到，中华人民共和国的成立，不仅是中华民族发展史上的一个伟大事件，也是人类发展史上的一个伟大事件。今天，我们完全可以自豪地说，一个充满生机的中国，一个充满希望的中国，已经巍然屹立在世界的东方。

回顾历史的时刻，也是展望未来的时刻。任何奋斗目标都不会轻轻松松实现，前进道路从来不是一帆风顺的。我们必须准备进行具有许多新的历史特点的伟大斗争。过去，中国人民有志气有能力战胜各种艰难险阻，铸就我们人民共和国的辉煌。今天，中国人民也一定能够战胜可以预见和难以预见的各种艰难险阻，铸就我们人民共和国更大的辉煌。

面向未来，我们必须同人民在一起，为了人民干事创业，依靠人民干事创业，始终把实现好、维护好、发展好最广大人民根本利益作为一切工作的出发点和落脚点；我们必须坚持走自己的路，不断增强中国特色社会主义道路自信、理论自信、制度自信，使中国特色社会主义这条康庄大道越走越宽广。

面向未来，我们必须坚持谦虚谨慎、戒骄戒躁。中国仍处于并将长期处于社会主义初级阶段的基本国情没有变，实现 13 亿多人共同富裕任重道远。生于忧患，死于安乐。无论什么时候，我们都不能骄傲自满，而是要增强忧患意识、慎终追远，始终保持艰苦奋斗的作风。

祖国 960 多万平方公里的锦绣河山，为我们创造伟业铺就了广阔舞台。中华民族 5 000 多年创造的灿烂文明，为我们奋勇前进提供了强大精神力量。中华人民共和国成立以来取得的巨大发展成就，为我们再创辉煌奠定了坚实基础。全国各族人民、海内外中华儿女，将手拉手、肩并肩，高高扬起中国航船的风帆，朝着中华民族伟大复兴的光辉彼岸，继续破浪前进。

### 思考与行动

1. 请大声朗读毛泽东的《七律·人民解放军占领南京》，并抒发自己的感悟。

钟山风雨起苍黄，百万雄师过大江。虎踞龙盘今胜昔，天翻地覆慨而慷。

宜将剩勇追穷寇，不可沽名学霸王。天若有情天亦老，人间正道是沧桑。

2. 请撰写一篇《国旗下的讲话》，张贴在班级宣传栏上，与同学们交流。

# 第二节 "打败美帝野心狼"

## 保家卫国　跨过鸭绿江

中华人民共和国成立后,为扼杀新生的人民政权,以美国为首的帝国主义国家,对中国采取了孤立遏制的封锁政策。1950年6月27日,美国悍然发动朝鲜战争,严重威胁中国安全。9月15日,美帝国主义扩大战争,疯狂北进。

10月初,以美国为首的侵略军不顾中国政府警告,悍然越过"三八线",并继续向中国边境鸭绿江和图们江进犯,同时以空军轰炸扫射中国东北边境城镇和乡村。

在这个关键时刻,以毛泽东为首的党中央,为保卫我国安全、维护世界和平和人类正义,应朝鲜请求,毅然作出"抗美援朝,保家卫国"的战略决策,迅速组成了中国人民志愿军,久经沙场的彭德怀将军被任命为司令员兼政治委员。

中国人民志愿军雄赳赳、气昂昂,跨过鸭绿江

10月8日,毛主席发出《给中国人民志愿军的命令》,中国人民志愿军受令后,于10月19日跨过鸭绿江,开赴朝鲜前线,同朝鲜人民一起向侵略者作战。

## 惨烈的上甘岭保卫战

上甘岭保卫战是由彭德怀指挥的中国人民志愿军为了粉碎以美国为首的"联合国军"的攻势,于1952年10月到11月,在朝鲜中部金化郡五圣山南麓村庄上甘岭进行的坚守防御战。

美国人至今也想不通,上甘岭为什么会打不下来?美国的军事研究者们曾用电脑模拟得出结论,认为上甘岭胜利不是人力能够做得到的。但电脑可以模拟常识性的东西,却永远也模拟不出一个民族重新觉醒时所能迸发出的力量。

1952年10月14日凌晨3点半,战斗打响。这场战役我方叫作"上甘岭战役",美方称之为"三角形山战役"。

彭德怀指着朝鲜地图对十五军军长秦基伟说:"五圣山是朝鲜中线的门户。失掉五圣山,我们将后退200公里无险可守。你要记住,谁丢了五圣山,谁要对朝鲜的历史负责。"

这是一场激烈的战争。这一天,敌人向上甘岭发射30余万发炮弹,500余枚航弹,上甘岭主峰标高被削低整整两米,寸草不剩。

即便是这样,直到四天以后——10月18日,我四十五师前沿部队才因伤亡太大,退入坑道,表面阵地第一次全部失守。19日晚,我四十五师倾力发动了一次反击。10月30日,我方再度反攻。

我方动用了133门重炮。美七师上尉惊恐地说:"中国军队的炮火像下雨一样,每秒钟一发,可怕极了。我们根本没有藏身之地。"每秒钟一发美军就受不了了,殊不知我们的战士面对的是美军每秒钟六发的狂轰。

075

　　5小时后，志愿军收复主峰。打到下午三点，连长赵黑林趴在敌人尸体上写了个条子派人送走：我巩固住了主峰，敌人上不来了。

　　这场战争惨烈至极：随手抓把土，数出三十二粒弹片，一面红旗上有三百八十一个弹孔，一截一米不到的树干上，嵌进了一百多个弹头和弹片。我方战报：歼敌两万五千余人，十五军伤亡一万一千五百二十九人，其中阵亡五千二百一十三人。美方战报：损失九千余人，中国志愿军死伤一万九千余人。但毫无疑问的是，这片3.8平方公里的山头，已经被鲜血浸透了。历史已经记不完那一万多在战火中浴血的志愿军战士的姓名了，他们的身躯已经与五圣山糅合在了一起。

　　之后，美军再没有向我军发动过营以上规模的进攻，朝鲜战局从此稳定在38度线上。这一战奠定了朝鲜的南疆北界。

**珍贵照片：志愿军战斗在上甘岭**

　　一份五百万分之一的地图上，找不到海拔1061.7米的五圣山，却标出了上甘岭。

　　国家赢得了尊严，从此美国人将中国视为世界上最强大的国家之一。西方人的标准是：要想成为强国，你必须击败过另一个强国的军队。

阅读指导

　　三年朝鲜战争打完,中国志愿军司令员彭德怀意气风发地说道:"西方殖民者几百年来只要在东方一个海岸线上架起几尊大炮,就可霸占一个国家的时代是一去不复返了。"

　　相比之下,他的对手、美国克拉克将军则哀叹说:"我是美国第一个在没有胜利的停战协定上签字的将军。我感到一种失望的痛苦。"

　　当年在弱肉强食、奉行丛林原则的国际社会,很大程度上尊严是靠拳头打出来的。曾经在西方人眼里不堪一击的中国人,通过抗美援朝,打败了以美国为首的联合国部队,不但打赢了一场漂亮的翻身仗,还赢得了对手们的尊重。

　　联合国军第二任司令官李奇微如此说:"中国人是勇士,他们常常不顾伤亡地发起进攻。"美第八集团军司令范佛里特评论:"中国士兵是一个顽强的敌人……他们永远是向前作战,奋不顾身的,有

时甚至渗透到我们防线后方,令我们束手无策。"

毫无疑问,朝鲜战争对中国、对美国、对整个世界都产生了巨大的影响。三年朝鲜战争,使得中国的军事实力成为当时的世界第三(美国和苏联是当时世界第一和第二)。从此,中国才被西方列强当作"大国"看待。

一位日本教授的说法很有代表性:"1949年,你们说中国人从此站起来了,在我们日本无人相信。看看你们中国人,100多年来一个失败接一个失败,几千个、一两万个外国入侵者,就可以直入你们首都杀人放火,你们就得割地赔款。后来你们出兵朝鲜,把我们吓一跳。你们把美国人从朝鲜半岛北面压到了南面,我们这才感觉中国与过去相比不一样了,看来中国人是真的站起来了。"

### 思考与行动

1. 请阅读魏巍《谁是最可爱的人》一文,说明:为什么作者认为中国人民志愿军战士是最可爱的人?

2. 历史总是让人沉思,留给热爱和平的人们是更深刻的关注。当年志愿军战士浴血奋战的朝鲜半岛,其实今天依然不太平静。

请谈谈你对当前世界上一些地区热点的看法。

# 第三节　非洲兄弟把我们抬进联合国

1971 年 9 月 21 日,第 26 届联合国大会开幕。中国代表权问题是大会的主要议题。10 月 25 日,第 26 届联大对恢复中国合法权利的提案举行表决。大会首先对美国"重要问题"提案进行表决。当电子计票牌亮出 59 票反对、55 票赞成、15 票弃权,否决了"重要问题"提案时,整个大厅沸腾起来,掌声持续了几分钟。

接着表决 23 国提案。23 国提案作为 2758 号决议,以 76 票赞成、35 票反对、17 票弃权的压倒多数,通过了恢复中华人民共和国的合法席位的提案!当电子计票牌再度亮出表决结果时,大厅里再次爆发出热烈的欢呼声和雷鸣般的掌声。

1971 年 11 月 1 日,中华人民共和国的五星红旗,第一次升起在纽约东河之滨的联合国总部大厦门前的旗林里,联大主席马立克称之为"历史性的时期"。

得知这一胜利消息,毛主席明确表示:马上就组团去。这是非洲黑人兄弟和中小国家用轿子把我们抬进联合国的,不去就脱离群众了。

在大家的欢笑声中,毛主席拿起外交部国际司填写的联大表决情况,激动地说:英国、法国、荷兰、比利时、加拿大、意大利都造了美国的反,在联合国投我们的票。欧洲国家当中,只有马耳他投反对票。投赞成票的,亚洲国家十九个,非洲国家二十六个,拉丁美洲是美国的"后院",只有古巴和智利和我们建交,这次居然有七个国家投我们的票。美国的"后院"起火,这可是一件大事。

毛主席一口气讲了近三个小时。对中国代表团即将在联大的

联合国大楼前

第一篇发言,谈了应该包括的内容:第一要算账,这么多年不让我们进联合国,中国人民和世界人民都有一股子气。主要是美国,其次是日本,要点他们的名,不点不行。对提案国要一一列举。

第二要讲讲联合国成立以来世界形势的变化,要讲点世界历史,要讲讲中国,自力更生,艰苦奋斗,推翻三座大山,取得国家独立,民族解放,新民主主义革命胜利。这不是吹牛,是事实。美国必须从台湾撤走它的武装力量,不论是谁,要把台湾从中国分割出去,都是痴心妄想。

第三要讲讲我们对国际问题的基本态度。总而言之,要旗帜鲜明,高屋建瓴,势如破竹。

阅读指导

联大第 2758 号决议的通过绝非偶然,这是世界进步的需要,也是历史的必然。1949 年中华人民共和国成立之后,在联合国的合法席位被非法剥夺了 22 年之久。然而,这 22 年又是世界发生深刻变化的 22 年。

080

　　二次世界大战后,民族解放运动风起云涌,形成了一股强大的历史潮流。在这股大潮的推动下,一大批亚非国家取得了独立,加入了联合国。没有这批国家的加入,中国恢复在联合国的合法席位是难以想象的。他们把恢复中国在联合国合法席位视为自己的事。他们敢于仗义执言,不畏强权,表现出一种浩然正气,这股正气就是世界走向进步的反映。

　　美国在 26 届联大上顽固地反对恢复中国的合法席位。然而,具有讽刺意味的是,正是基辛格博士 1971 年 7 月访华,宣布尼克松总统将于 1972 年访问中国这一行动,有力地促进了恢复中国代表权斗争的胜利。

　　联合国是以自己的普遍性而自豪的,然而,不恢复中国在联合国的合法席位、占世界人口五分之一的中国不在联合国里,联合国有什么普遍性可言? 世界面临着众多的问题,需要联合国发挥作用。如果联合国缺少中国这一块,显然在应对世界大的问题时缺少了有力的支撑。

　　联合国作为世界和平与稳定的基石,在六十多年间的发展过程中,特别是在冷战后的近二十年间,越来越发挥其不可替代的作用。而中国重返联合国,可以说是联合国发展史上一件具有划时代意义的大事件。

### 思考与行动

　　1. 知晓中国重返联合国的经历,你有哪些感想?

　　2. 通过读报或上网搜索,了解联合国近期的一两项活动,分析其意义。

# 第四节　港澳回归　举国欢庆

中国故事

## 钢与铁的碰撞

1982年9月22日，英国首相撒切尔夫人访华，拉开了邓小平与她之间"钢"与"铁"碰撞交锋、斗智斗勇的序幕。

号称"铁娘子"的撒切尔夫人，是战后英国第一位女首相，凭借刚刚打胜的马岛战争——从阿根廷军队手中夺过了两国争议多年的马尔维纳斯群岛，撒切尔夫人在国内外的威望大幅度提高。早在来华之前，撒切尔夫人就事先声明："有关香港的3个条约依然有效。"并在国际上大造这种舆论，目的在于试探中国方面的立场。

对于这个关系到中华民族的主权、尊严和威信的问题，邓小平斩钉截铁地回答了两句话："香港是中国的领土，我们一定要收回来的！"

当撒切尔夫人提出"中国宣布1997年收回香港，香港会不会发生波动"的疑问时，邓小平回答："小波动不可避免。如果中英两国抱着合作的态度来解决这个问题，就能避免大的波动。"他还告诉撒切尔夫人，中国政府在作出这个决策时，"还考虑了我们不愿意考虑的一个问题，就是如果在15年的过渡时期内香港发生严重的波动，怎么办？那时，中国政府将被迫不得不对收回的时间和方式另作考虑。如果说宣布要收回香港就会像夫人说的'带来灾难性的影响'，那我们要勇敢地面对这个灾难，作出决策。"

撒切尔夫人没想到邓小平在香港主权问题上的立场会那么坚定，毫无通融余地，会谈结束后，这位一向注重仪表、举手投足极有分寸的"铁娘子",随之产生出一种不安和紧张的心理状态。当她怀着惆怅的情绪走出人民大会堂时,高跟鞋与石阶相绊,导致身体失去平衡,栽倒在石阶下,以致皮鞋、手袋都被甩到了一边。她回去后对驻华大使柯利达说:"邓小平真残酷啊!"

对这次非同寻常的谈判,撒切尔夫人在她后来出版的回忆录《唐宁街岁月》中,以一种失败者的无奈和依依不舍,追忆了谈判的全过程,表达了她对邓小平等中国领导人的钦佩。

中国人民解放军驻香港部队于 1993 年初开始组建,1996 年 1 月 28 日组建完毕;1997 年 7 月 1 日正式进驻香港执行防务任务。驻军隶属中华人民共和国中央军委,费用由中央财政负担。

中国人民解放军驻香港部队防务规定为:为维护国家的主权、统一和领土完整,保持香港特别行政区的繁荣和稳定。

威武的中国人民解放军驻港部队

## 阅读指导

我们记得,香港政权交接时,中华人民共和国国歌雄壮奏响、中华人民共和国国旗和香港特别行政区区旗冉冉升起的神圣庄严。

我们还记得,中国人民解放军驻港部队进驻时,香港同胞冒着瓢泼大雨热烈欢迎的兴奋激动。我们还记得,在喜迎回归的日子里,神州大地张灯结彩,男女老少载歌载舞,举国同庆的幸福欢乐。这些历史画面已成为全体中国人的集体记忆。

20年间,"一国两制"在香港的实践,就像一棵幼苗,在风雨中苗壮成长,结出了累累硕果。

"一国两制"是中国的一个伟大创举。在统一的国家之内,国家主体实行社会主义制度,个别地区依法实行资本主义制度,这在过往的人类政治实践中还从未有过。前人用超凡的勇气探索和突破,后人要以坚定的信念实践和发展。

中国人是了不起的。我们有5 000多年源远流长的文明历史,是世界古代文明中唯一没有中断而延续至今的。在有史籍记载的多数时间里,中华民族在经济、科学、文化、艺术等诸多领域都走在世界前列,为人类文明进步作出过巨大贡献。尽管中国在近代以后落后了,但新中国成立以来,在中国共产党领导下,经过几代人艰苦卓绝的奋斗,中华民族已经巍然屹立在世界民族之林。

香港从一个默默无闻的小渔村发展成为享誉世界的现代化大都市,是一代又一代香港同胞打拼出来的。香港同胞所拥有的爱国爱港、自强不息、拼搏向上、灵活应变的精神,是香港成功的关键所在。香港同胞不仅完全有能力、有智慧把香港管理好、建设好、发展好,而且能够继续在国家发展乃至世界舞台上大显身手。

迄今为止香港仍是内地最大的外来直接投资来源地和境外融资平台,同时也已成为内地最大的境外投资目的地和全球最大的离岸人民币业务中心。更为重要的是,香港享有"一国两制"的制度优势,不仅能够分享内地的广阔市场和发展机遇,而且经常作为国家对外开放"先行先试"的试验场,占得发展先机。"沪港通""深港通"以及即将开通的"债券通"都在香港试点。

**香港金紫荆广场**

香港只要巩固和提升这些优势，就一定能够留住并吸引各方投资和人才，在经济全球化和区域合作中把握机遇，促进本地创新创业，开发新的增长点，续写狮子山下发展新故事、繁荣新传奇！

不论是过去、现在还是将来，祖国始终是香港的坚强后盾。经过 40 年改革开放，中国实现了从站起来到富起来再到强起来的伟大飞跃。目前，我国是全球第二大经济体，世界第一制造大国和货物贸易大国、第一外汇储备大国，是全球经济增长的最大贡献者。

祖国日益繁荣昌盛，不仅是香港抵御风浪、战胜挑战的底气所在，也是香港探索发展新路向、寻找发展新动力、开拓发展新空间的机遇所在。国家好，香港会更好！

🪷 **思考与行动**

1. 你知道香港是怎样被外国侵略者抢走的吗？请自拟标题，写一篇短文（300 字左右），不忘这段屈辱史。

2. 请给香港的一位同龄人写一封公开信，共同祝愿香港的明天更美好！

# 第五节　56个民族　56朵花

中国故事

## 骑着毛驴要见毛主席

　　新疆和平解放后，年轻时饱经苦难的库尔班，终于过上了自由、幸福的生活。当库尔班知道这一切是毛主席、共产党带来的，便执意要骑着毛驴到北京，去见恩人毛主席。村民们笑他不知去北京的路有多么艰难，简直就是异想天开。但老人意志坚定，不为所动。

　　这件事传到新疆维吾尔自治区党委书记王恩茂那里，为了满足老人的心愿，特批他随国庆观礼团乘飞机来到北京。最终，一生历经坎坷的库尔班老人，在中南海怀仁堂，受到了毛主席等中央领导的亲切接见。

　　接见后，毛主席专门会见新疆自治区党委第一书记王恩茂和区主席赛福鼎·艾则孜，听取了他们关于新疆工作的汇报。毛主席指示说："在新疆一定要搞好民族团结。首先要搞好汉族人民和少数民族人民之间的团结。这里的关键是要搞好汉族干部和少数民族干部之间的团结。"

　　为了三个"搞好"，毛主席用手指着他们，语重心长地说："你（指王恩茂）要做好汉族干部的工作，你（指赛福鼎）要做好民族干部的工作。"

　　后来，赛福鼎·艾则孜由衷地感叹说："毛主席真是苦口婆心，谆谆教诲"。

　　对于库尔班大叔，赛福鼎·艾则孜则说："这是多么感人的言行,它完全是维吾尔族人民纯朴感情的表露,也是对毛主席关心新疆各族人民的回报。"其实,这何尝不是维吾尔族人的儿子赛福鼎自己的心声呢!

库尔班大叔

## 乌兰牧骑

"乌兰牧骑"是蒙语,意为红色文化工作队,是活跃在草原农舍和蒙古包之间的文艺团队,1957年诞生在内蒙古大草原。当年草原辽阔无边,交通不便,居民点极其分散,要想使农牧民群众的文化生活丰富起来,就必须建立一种装备轻便、组织精悍、人员一专多能、便于流动的小型综合文化工作队,于是,就成立了"乌兰牧骑"。

站在2017年的冬天,回望1957年的夏天。60年一个甲子的轮回,这支"红色文艺轻骑兵"扎根生活沃土,已经走出一条扎实的艺术道路。

著名的乌兰牧骑队员金花回忆,乌兰牧骑成立之初,没有华丽的服装,没有精美的舞台,演出就在农舍或蒙古包中间的空地上。一块幕布,既没有灯光,也没有音响,队员们就点着煤油灯、"火把灯"为农牧民演出。

在烈日酷暑下,在隆冬寒风里,露天演出是家常便饭;步行数十里后紧接着开始演出,一天工作十几个小时也是司空见惯;有时把残疾老人背到演出场地观看演出,有时在牧民家里演出,经常是一天连演几场。艰苦的环境、不规律的生活、高强度的工作,乌兰牧骑队员抛洒着辛勤的汗水,日复一日,年复一年。

在苏尼特草原上,听说一个老额吉身体不好,不能来看演出。苏尼特右旗乌兰牧骑队长专门带上队员给老额吉一个人演了专场。老额吉从别人家里借了干肉给队员做饭,把家里仅有的半盒方糖放在炒米里给队员们吃。临走时,队长偷偷把十块钱放在老额吉的毡子下面。两个月后,老额吉通过苏木干部托人把十块钱捎回来了。队员们去只有 3 个人的边防哨所演出,3 个战士拉着队员们的手说:"别说演出,就是你们来了陪我们说说话都感激不尽。"当天晚上,队员们还给战士们办了舞会,大家笑着、哭着、跳着……

这样的故事在草原上俯拾皆是,乌兰牧骑队员与农牧民群众在长期水乳交融的生活里形成了亲密无间的血肉关系。

乌兰牧骑为农牧民送歌献舞,队员们与农牧民吃在一起、住在一起,他们为群众义务理发、照相,他们帮农牧民打草、接羔、剪羊毛。农牧民含着热泪观看乌兰牧骑演出,唱着歌给乌兰牧骑队员敬酒。乌兰牧骑走到哪里,就受到哪里群众的热烈欢迎,他们的心与农牧民紧紧贴在一起。

这支队伍,让生活在草原上的人们得到慰藉。这面旗帜,让交通不便的牧区,接受到了文明,也听到了党的声音。

乌兰牧骑

60 多年来,沐浴着党的阳光雨露,乌兰牧骑从无到有、由小到大,"红色的嫩芽"根深叶茂,乌兰牧骑队员初心不改,每年为农牧民演出超过 7 000 场,为促进文化繁荣发展、民族团结进步、边疆安宁稳定,作出重要贡献。

## 一个民族都不能少

两张绘有画像的圆簸箕挂在墙上,长条桌上摆放着独龙族特有的生产生活工具······一间宽敞的会议室里,洋溢着浓郁的独龙族文化气息。

习近平同大家围坐在一起,观看反映独龙族生产生活巨变的短片。

从刀耕火种到多种经营,从过江溜索到开山辟路,从茅草房到砖瓦房,从人均可支配收入 900 多元到 2 000 多元,短片中一幅幅生动的画面,反映了中华人民共和国成立 60 多年来尤其是近些年来独龙族群众生活的深刻变化,这个地处偏远、相对闭塞的民族正同其他兄弟民族一起迈向现代文明······

　　习近平一边看,一边同身边的高德荣、娜阿塔交流,不断询问:"建一套新房多少钱?""原来出山要多长时间?"……

　　高德荣告诉总书记,中华人民共和国成立前,独龙江人翻越高黎贡山走到贡山县,来回要半个月;中华人民共和国成立后修通了"人马驿道",一个来回要六七天;1999年独龙江简易公路贯通,除去大雪封山,七八个小时可到县城;隧道通车后,3个小时可到县城。

　　沧桑巨变,让老人无法不激动。他说:"在总书记的关怀下,隧道去年4月就全线贯通了。如果不贯通,今天我们怎么可能坐在一起呢?要知道,现在正是大雪封山的时候。"

　　他代表乡亲们表示,独龙族虽在边疆,但会永远跟着共产党走,把边疆建设好、边防巩固好、民族团结好、经济发展搞好。

　　李文仕说,在党的光辉政策照耀下,独龙族人民的日子发生了翻天覆地的变化。我已经年过60了,还第一次坐上了飞机,见到了总书记。今后要教育子孙后代听党的话,一定要好好读书,跟着共产党走。

今日独龙族人

　　习近平对大家说:"我今天特别高兴,能够在这里同贡山独龙族怒族自治县的代表们见面。独龙族这个名字是周总理起的,虽然只有6 900多人,人口不多,也是中华民族大家庭平等的一员,在中华人民共和国、中华民族大家庭之中骄傲地、有尊严地生活着,在中国共产党领导下,同各民族人民一起努力工作,为全面建成小康社会的目标奋斗。"

总书记指出,独龙族和其他一些少数民族的沧桑巨变,证明了中国特色社会主义制度的优越性。前面的任务还很艰巨,我们要继续发挥我国制度的优越性,继续把工作做好、事情办好。全面实现小康,一个民族都不能少。

"你是县长? 你是乡长?"指着来自独龙族的县长马正山和乡长李永祥,习近平说,"随着经济社会的发展,独龙族兄弟姐妹自身能力也要增强,县长、乡长就属于独龙族自身培养的人才,我们要自力更生,奋发图强。"

总书记亲切地对高德荣说:"您是时代楷模,不仅是独龙族带头人,也是全国的一面旗帜。有你们带动,独龙江乡今后一定会发展得更好。"

稍微停顿,习近平接着说:"我来见大家,就是鼓励你们再接再厉,也是给全国各族人民看:中国共产党关心各民族的发展建设,全国各族人民要共同努力、共同奋斗,共同奔向全面小康。"

### 阅读指导

我国是统一的多民族国家。在我国960万平方公里的土地上,居住着56个民族。除汉族外,其他55个民族由于人口较少,习惯上被称为少数民族。我们伟大的祖国,是全国各族人民共同缔造的。

民族团结就是各族人民的生命线。船的力量在帆上,人的力量在心上。做民族团结重在交心,要将心比心、以心换心。各民族同胞要手足相亲、守望相助,共同维护民族团结、国家统一。

　　要高举各民族大团结的旗帜,在各民族中牢固树立国家意识、公民意识、中华民族共同体意识,最大限度地团结依靠各族群众,使每个民族、每个公民都为实现中华民族伟大复兴的中国梦贡献力量,共享祖国繁荣发展的成果。各民族要相互了解、相互尊重、相互包容、相互欣赏、相互学习、相互帮助,像石榴籽那样紧紧抱在一起。

　　民族工作关乎大局。坚持中国特色社会主义道路,是新形势下做好民族工作必须牢牢把握的正确政治方向。要全面贯彻落实党的民族政策,不断增强各族人民对伟大祖国的认同、对中华民族的认同、对中华文化的认同、对中国特色社会主义道路的认同。要千方百计加快少数民族和民族地区经济社会发展,让民族地区的群众不断得到实实在在的实惠。

**56 个民族学生欢度中秋节**

　　团结稳定是福,分裂动乱是祸。全国各族人民都要珍惜民族大团结的政治局面,都要坚决反对一切危害各民族大团结的言行,使各民族同呼吸、共命运、心连心的光荣传统代代相传,筑牢民族团结、社会稳定、国家统一的铜墙铁壁。

## 第二章
# 中华民族富起来了

> 人民对美好生活的向注，就是我们的奋斗目标。
>
> ——习近平

## 第一节　往来书信，折射天地恩情

### 中国故事

### 给总理的信

尊敬的李克强总理：

　　您好！

　　我们是全国第一所希望小学的师生代表，1990 年 2 月 17 日，这个温暖而又难忘的日子，这一天，您满怀着对革命老区的深厚感情，冒着严寒，踏着霜雪，来到安徽省金寨县为希望小学实地考察选址，您对老区人民真情关怀的感人场景犹如昨天，历历在目。

　　……

　　25 年来，您亲自点燃的希望之火，呈燎原之势燃遍华夏大地，今天我们欣喜地向您报告，我们的学校发生了巨大的变化……成为集幼儿教育、小学教育为一体的现代化学校，成为革命老区教育事业发展的一颗璀璨明珠……是伟大的希望工程圆了贫困孩子的求学梦和人生出彩梦,照亮了老区人民幸福美好生活的道路。

尊敬的李总理,饮水思源,吃水不忘挖井人。今天在享受美好幸福生活时,我们始终感谢党中央、国务院和您的亲切关怀,感谢这个伟大的时代。在全国第一所希望小学建成25周年之际,我们全体师生真诚邀请并期待您在方便的时候,再来我们学校看一看,到金寨老区走一走!

祝敬爱的总理身体健康,万事如意!

金寨县希望小学全体师生<br>2014 年 10 月 16 日

金寨县希望小学师生

## 总理回信

金寨县希望小学的老师、同学们:

你们好!

来信收悉。从照片上看到你们宽敞、整洁的校容校貌,获知学校已经培养了 6 175 名贫困孩子,开始新的人生,我的心情分外高兴。

我清晰记得,当年来这里为全国第一所希望小学选址时,正是冬末初春时节,不曾想到,希望工程第一粒种子在大别山深处的冻土里,破土成长为今天这样一棵枝繁叶茂的参天大树。

据了解,近 25 年来,希望工程已累计募款逾百亿元,先后建起 18 396 所希望小学,资助贫寒学子 495 万名。

希望工程向世人传递出一种积极意义:知识可以改变命运。这一点,你们学校走出的希望工程培养的第一位博士生张宗友、"大眼睛"苏明娟便是很好的例证;尤其可贵的是,希望工程在很短时间里,汇聚起海内外四面八方的爱心涓流:赠人玫瑰,手有余香。这是建设社会最富感召力的道德力量。

这么多年,你们锲而不舍践行一个朴素理想:让每个孩子不再因为贫穷而失去课堂。这也是政府的职责所系,我们的努力殊途同归。贫穷固然可怕,但失去平等受教育的权利更加可怕;消除贫困或难短时兑现,可创造公平必须刻不容缓。让我们共同持续不断努力,为天下所有贫困孩子的幸福人生创造美好的希望!祝老师们坚守希望事业,祝同学们在希望中健康成长!

李克强

2014 年 10 月 28 日

## 阅读指导

伴随我国经济稳健发展,在硬件方面推进教育公平成效显著。中国目前拥有世界最大规模的教育体系,截至 2016 年底,有 51.2 万所学校,2.65 亿名在校学生;学前三年毛入园率达 77.4%,取得跨越式发展;小学净入学率达 99.9%,初中毛入学率达到 104%,已全面普及九年义务教育;高中毛入学率达 87.5%,基本普及高中教育;高等教育毛入学率达 42.7%,接近高等教育普及化水平。我们在为这一组组数字感到欣喜的同时,也要意识到通过教育公平推动实现

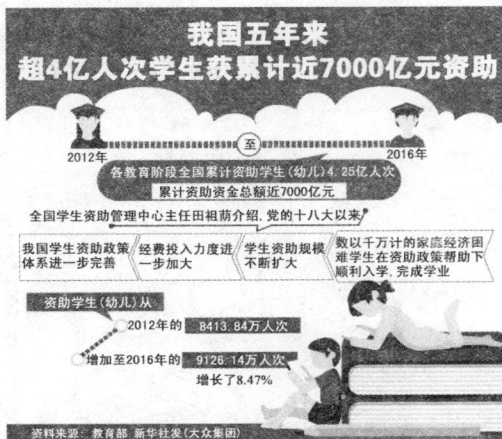

社会公平的过程,仍长路漫漫。

建设教育强国是中华民族伟大复兴的基础工程,党和国家始终把教育事业放在优先位置,加快教育现代化,办好人民满意的教育;始终高度重视农村义务教育,办好学前教育、特殊教育和网络教育,普及高中阶段教育,努力让每个孩子都能享有公平而有质量的教育。

我们坚定实施科教兴国战略,努力发展全民教育、终生教育,建设学习型社会,努力让 13 亿人民享有更好更公平的教育,获得发展自身、奉献社会、造福人民的能力。

各级各类学校全面贯彻党的教育方针,落实立德树人根本任务,发展素质教育,推进教育公平,努力培养德智体美全面发展的社会主义建设者和接班人。

## 思考与行动

1. 请你向金寨县的同学们学习,给所在县或市的领导写一封信,介绍学校变化,反映教育诉求,表达学生希望。

2. 为将自己锻炼成德智体美全面发展的社会主义建设者和接班人,你准备怎样行动呢?

# 第二节 新农村 新气象

## 江苏黄龙岘 山清水秀

以前的黄龙岘并非如今的模样,居民乱丢垃圾,村子无序,一切都"脏乱差"。这样的穷山沟,难以留住人。村子落后,百姓的思想也相对闭塞。

改造后的村庄,发生了翻天覆地的变化。结合自身特点,村庄对49栋民房进行了立面出新,实施了雨污分流工程和景观化、生态化改造,建设了道路、排水、垃圾收运等设施。改造后的黄龙岘民居简朴素雅、整齐有致。同时,在村庄环境整治基础上,重点修复改造了一批文化旅游功能性设施,建设了黄龙大茶馆、茶缘阁等一批便民与宜游结合的基础设施,配备了观光自行车和电瓶车,将黄龙岘与周边"金花村"串联。

黄龙砚的"大茶壶"

　　山清水秀，走动的人多了，村里百姓见得多了，素质也提高了。"这受益的不是我们一家，整个村的村民都是受益者。"农民老邢和老伴一起开始做起了餐饮生意。经过老两口这两年的经营和打理，老邢小小的龙凤酒楼，年收入便可达近 30 万。

　　美丽乡村建设，不仅富了百姓的"钱袋子"，更改变了村民们的思想观念和文明意识。据悉，为维护生态环境和美丽家园，黄龙岘村 52 户村民自发签署了《环保公约》，各家拿 1 000 元"违约金"，签订"环境保护承诺书"，形成了"环境保护、人人有责"的文明风尚。同时为推动公共服务向社区下沉，黄龙岘建设了示范社区公共服务中心，依托数字电视系统，打造了村民足不出户便可了解各类讯息的信息化服务平台，推动公共服务特色化、全覆盖。

## "厕所革命"

　　习近平总书记在国内考察调研过程中，经常会走进农户家里，问起村民使用的是水厕还是旱厕，他指出，农村也要来个"厕所革命"。他强调，厕所问题不是小事情，是城乡文明建设的重要方面，不但景区、城市要抓，农村也要抓，要把这项工作作为乡村振兴战略的一项具体工作来推进，努力补齐这块影响群众生活品质的短板。

　　**浙江桐庐**　"一村，一公厕，一角落，都是这座最美县城的形象！"这是桐庐在厕所革命中喊出的一句口号。在许多特色村落景区中，一座座突出地域特色，展示文化内涵，体现人文关怀的旅游厕所，就在桐庐乡村旅游建设的蓝图中应运而生了。

　　作为桐庐县全域旅游先行乡，合村乡生仙里景区的旅游厕所，打破厕所一贯以白色、普通中式建筑为主的形式，结合合村当地文化，融入非遗项目——"绣花鞋"的元素，特别是在厕所的外观上着重体现地方特色。"洗手间，别名多，曰登溷，曰厕所，曰消腹……"一首《如厕三字经》正被驻足在公厕中的游客朗诵着。

　　明清古建筑、民居、祠堂、庙庵、桥梁与戏台融为一体的江南古村落景区旅游厕所,以徽派建筑与浙西山地建筑为特色,将江南的诗情画意惟妙惟肖地融入其中。

**河北岳良村** "来看看你的高级厕所!"这几乎是每位客人进冯秀民家的第一句话。村民口中的"高级厕所",是岳良村整村改造的真空厕所。

真空厕所最早应用于飞机上,后来广泛应用于轮船、高铁等缺水狭小的交通运输工具。高铁一般有 16 个真空收集终端,而岳良村每家每户有两个真空收集终端——一个简洁型真空马桶加一个真空灰水桶,全村总共算下来有 800 多套。

不仅如此,村里每家每户还有一个 3 立方米的池子,用来收集洗脸、洗菜、洗衣服等产生的脏水,池子里面有一个标注水位的装置,脏水到达标注线后就会提醒排泄,按一下排泄按钮,灰水就能排泄到市政污水管网。

全村建设了真空污水管网,总长度接近 20 公里。所有灰水和部分黑水通过真空污水管道收集后再泵送至市政污水管网。部分真空马桶单独收集人体排泄物用于制备有机肥。

## 一位老农的自述

过去我是"庄稼汉",现在我是"新型职业农民",种地免税,种粮有奖,农具下岗,农机上岗,新技术推着产量直往上蹿。我种的 40 亩玉米,机耕机播只要两天半时间,省时省力,闲下来提供代耕服务,靠种地一年收入近 6 万元。

我觉得种地算是一份职业了,现在政策实惠、粮价得劲,挣得不比在城里打工少。谁说种地不幸福?

　　这样的日子以前想都不敢想。当时家里种了12亩地，一年忙到头，再捣鼓也弄不出几个钱来。

　　好政策是定心丸。记得2006年，国家免除了农业税，农民种地不交一分钱，还给发16块钱补贴，我高兴得一边看电视一边拍巴掌。接下来，中央年年下发支农"一号文件"，良种补贴、农机补贴不断增加，玉米一斤涨到1块多钱，农民心里热了，觉得种地有干头了。我逐步把别人撂荒的地种了起来，发展到现在的40亩。

　　我这么多年跨了三大步。第一步是2006年，我买了一台小型拖拉机和播种机，告别了肩挑牛耕，种地效率大大提高，种地面积越来越大。

　　第二步是2009年，我享受国家1万元农机补贴，把拖拉机换成30马力的，又添置了锄草机、打药机、脱粒机等农具，用上点播技术。玉米亩产达到1 200斤，一亩地顶上过去两亩地。

　　第三步是2010年，我开始为乡邻提供机耕服务，扩大专业范围，一到农忙，方圆几十里的人都来找我。光这一项，每年能收入2万多元。

　　这些年，中央对农村的政策越来越好，新农合、新农保、村村通、大病医保……一项项政策落户，村里环境美了，交通方便了，农民负担轻了。靠种地，我家里新添置了冰箱、电脑，还装上暖气，新盖起了两层楼房，生活越来越幸福。

## 阅读指导

　　中国农业博物馆的展厅里有一尊青铜鼎，2006年1月1日，中国取消了农业税，为了纪念这个日子，河北一个农民自筹资金铸造了这个鼎，并起名为"告别田赋鼎"。这尊鼎，记录了一个延续2 600年制度的终结，见证了中国几亿农民种地免税后的喜悦。

　　我国是农业大国，农业农村农民始终是社会安定、发展的基础和依靠。小康不小康，关键看"老乡"，实现中国梦，基础在"三农"。

"三农"问题仍是关系中国特色社会主义发展全局的根本性问题。

新世纪以来，截至 2015 年，我国农民收入实现了"十二连快"，粮食生产实现了"十二连增"，不仅是中华人民共和国成立以来从未有过，也是世界罕见。

我们始终坚持"重中之重"：中国要强，农业必须强；中国要美，农村必须美；中国要富，农民必须富。

中国人的饭碗任何时候都要牢牢端在自己手上，饭碗里必须主要装中国粮，靠别人解决吃饭问题是靠不住的，绝不能买饭吃、讨饭吃。在促进粮食生产稳定发展的基础上，统筹抓好棉油糖、果菜鱼、肉蛋奶等重要农产品生产。

食品安全是"产"出来的，也是"管"出来的，我们用最严谨的标准、最严格的监管、最严厉的处罚、最严肃的问责，确保广大人民群众"舌尖上的安全"。能不能在食品安全上给老百姓一个满意的交代，是对我们执政能力的重大考验。

耕地是粮食生产的命根子，18 亿亩耕地红线仍然必须坚守，同时现有耕地面积必须保持基本稳定。像保护文物那样保护耕地，甚至要像保护大熊猫那样来做，推进划定永久基本农田，保持现有耕地面积基本稳定，保住我们赖以吃饭的家底。

关注"三农"：
让农业更强、农民更富、农村更美！

坚持农村土地农民集体所有，这是坚持农村基本经营制度的"魂"；农民家庭是集体土地承包经营的法定主体，这是农民土地承包经营权的根本,也是农村基本经营制度的根本;坚持稳定土地承包关系,这是维护农民土地承包经营权的关键;把农民土地承包经营权分为承包权和经营权,实现承包权和经营权分置并行,这是我国农村改革的又一次重大创新。

思考与行动

1. 你对农民生活了解吗？阅读《一位老农的自述》后,你有什么新看法？

2. 请争取父母的支持,利用业余时间,邀请几位同学去附近农村看看,走访一户农民家庭,与一位同龄人聊聊,拍几张农村美照。

# 第三节 世界景点都有中国游客

## 中国故事

## 出境旅游 全球第一

"一个秋高气爽的傍晚,在 2 000 名游客的掌声和欢呼声中,由中青旅包船的一艘游轮,从天津港鸣笛起航,驶往日本、韩国。在此后八天七晚的海上旅程里,这艘游轮所到之处免税店里,从奶粉、化妆品、皮具服饰,到钟表、珠宝,都被乘客们蜂拥争购。"这是中青旅一位导游对自己所带旅行团的描述。

在 20 世纪 80 年代,米兰、伦敦和纽约的奢侈品商店里,到处都是日本人,挑选着最昂贵的商品。30 多年过去了,中国游客取而代之,横扫世界商场,成为黯淡的全球经济背景中亮丽的风景线。

联合国世界旅游组织(UNWTO)指出,中国国际旅游市场的发展,一直是全球最快的,这要归功于中国城镇化发展,可支配收入增长以及对国际旅游限制的放松。

中国游客在境外到底买了些什么? 奢侈品、纪念品、高科技产品占据了多数。可是近些年,中国游客开始更愿意为特色美食买单了,花在购物上的金额在慢慢变少。越来越多的中国游客开始远离疯狂的购物之旅,选择在其他方面投入更多,比如健康。

中国游客在境外对餐饮消费意愿也最为强烈,70％的游客表示愿意在境外为特色美食买单,其次才是购物需求,这也与旅行方式的变化有关,相比于几年前,跟团游已不再流行了。

103

中国游客在境外

"越来越多的家庭选择定制旅游产品,或是为了感受大自然的鬼斧神工,或是为了寻求独特的休闲体验,或是为了领略异域人文风情。而支撑境外旅游产品蓬勃发展的背后,源于中国居民收入水平的增长和消费需求的升级。"北京一位旅行社总裁说,受益于签证利好、直航航线增加等因素,中国居民正享受着全球的旅游资源。

## 旅游,为了健康

"我想减轻压力,想变得更加正能量,想感到快乐……"许多中国游客都会这样对院长倾诉他们的需求,不过,院长工作的场所并不是医院,而是一所度假村。虽然这所度假村隐藏于巴厘岛乌布以北的丛林深处,但它依然吸引了众多中国游客慕名前来,因为这所度假村提供了一些特殊的"治疗"服务。游客们在此体验针灸、气功、冥想、草药疗法,甚至是一种名为"脊椎螺旋塑体"的新式运动疗法,一套在特制的器械上完成的一连串配合人体呼吸节奏的螺旋式身体动作。

"我的大多数病人都是拥有相当专业技能且事业有成的人,但也像很多成功人士一样,他们劳累过度,饮食不够均衡,机体状态失去平衡。"Kim院长总结了她的大多数病人们的共同特征,"我们简化健康疗法,使人们更好地完成适合他们的疗程。"

据当地旅游局公布的数据,2016年全年从巴厘岛入境印尼的中国内地游客达98.7万人次,相比2015年的增幅高达43.4%,仅比最喜爱巴厘岛的澳大利亚游客少了15万人次——从涨幅来看,这个数字被超越指日可待。

越来越多的中国游客前往境外不是为了旅游,而是为了健康。可观的客流量促使当地机构努力提供更多健康主题的旅行产品,以这所度假村为例,"从明年开始,我们将提供无须入住就可体验的香巴拉健康疗法。"Kim说。这个以水疗闻名的度假村,正计划用全球顶级的健康疗养特色,吸引更多的中国游客。

## 阅读指导

亲善产生幸福,文明带来和谐。当广袤辽阔的地球变成繁荣共联的地球村时,境外出游包含了一种区别于日常生活的意义:在未知空间,与周边山川湖海、大城小镇相互映照,从而寻找个体与时空的紧密联系。吴哥窟,不仅是柬埔寨的古典庙宇建筑群,而且是柬埔寨人民情之所寄的精神家园;莫斯科红场,不仅是俄罗斯最古老的广场,更是俄罗斯民族坚强刚毅、团结奋战的精神象征。出境旅游,尤其是走访一些古老的或发达的国家或地区,中国游客也是与另一种历史对话,向另一种文明学习。

联合国世界旅游组织前秘书长塔勒布·瑞法依表示,中国已经成为全球旅游消费第一大国,中国出境游无论在出境人数还是消费金额方面都增长迅速、规模可观。2016年,中国出境旅游总消费2 610亿美元,约占世界旅游消费总额的21%,而在10年前,以上两个数据仅为240亿美元和3%。

报告显示,中国旅游者源源不断涌向世界各处。2016 年,中国出境旅游超过 1.22 亿人次,继续保持世界第一大出境旅游客源国的地位。其中,欧洲是最大的旅游目的地,其次为亚太、北美等。

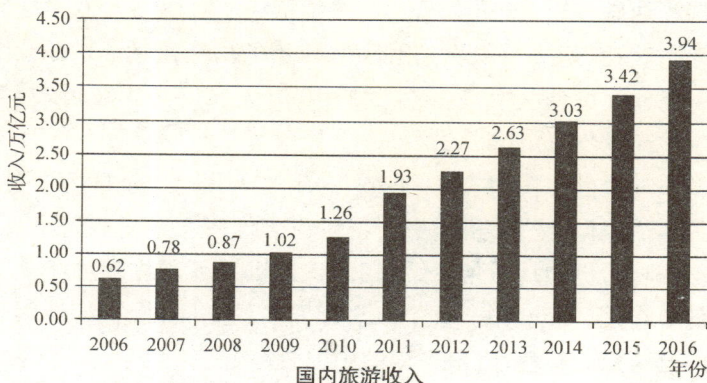

各种文明不仅存在于东西方灿若星河的自然、人文遗产中,今天更应通过循序渐进的相互学习、消化与吸收,内化于心,外践于行。各种文明更是全球性的多元化存在,只有相互理解和尊重,平等对话,和平相处,才能积厚流光,为国家和个人发展提供智慧的力量。也许,这就是中国游客遍布世界的真正意义所在。

### 思考与行动

1. "外面的世界真精彩!"你出境旅游过吗?请向同学们介绍你的出游经历。

2. 探究:"世界景点都有中国游客"的经济、文化价值。

# 第四节　衣食住行惊天下

## 街上尽显时装秀

1984 年，一部电影掀起了穿红裙子的时尚。像一股新风，姑娘钟情"红裙子"，小伙子青睐"喇叭裤"。无论是农村，还是城市，人们开始羞答答地注意自己的服饰了。

**小康数字生活**：从昨天流行的红裙子，到今天令人目不暇接的"时装秀"，正是人民生活质量提高的真实写照。西服、皮鞋在我国居民中的普及率高达 90% 以上，国际名品比比皆是。

行业内预测，到 2020 年，作为服装行业材料的合成纤维的人均消费，将从 2002 年的 6 公斤左右提高到 9 公斤左右。这将是中国居民服饰的又一次飞跃的标志。

## 讲究美食求营养

1980 年 10 月，46 岁的老刘在北京开了一家"悦宾饭馆"，这是北京开设的第一家私人饭馆。开业一周，由于饮食服务网点太少，这家小饭馆每天接待顾客竟有百余人之多。

**小康数字生活**：一部《舌尖上的中国》让全国亿万家庭、亿万"吃货"如痴如醉；"下馆子"过去是奢侈行为，今天则是"家常便饭"。中国肉、蛋、水产品的人均占有量大大超过了世界平均水平，蔬菜人均占有量是世界平均水平的一倍以上，绿色食品产品总数达到 2 000

多种。城市居民食品消费向着讲营养、讲风味、讲疗效、讲方便等方式转变。

## 舒适享受住高楼

　　1978 年 10 月 20 日，74 岁的邓小平登上北京前三门大街住宅楼工地高楼之顶，看着四周灰旧低矮的建筑物，他提出，层高能不能降低一些，把面积搞得大一些？

　　**小康数字生活**：房改，促成住房成为百姓最大的财产。1989 年后的十几年，我国住宅标准刷新了三次。而在一些发达国家，这需要 30 年时间。到 2000 年，我国城乡人均住房建筑面积 8 平方米以上的家庭超过 90%。城镇人均住房面积已经远远超过 16 平方米的小康指标，达到了 21.4 平方米。

**舒适的高楼**

　　2012 年，我国城镇家庭户均拥有住房已超过一套，人均住房面积已超过发达国家平均水平（33 平方米）。住房从满足生存需要,实现向舒适型的转变,基本做到"户均一套房、人均一间房、功能配套、设备齐全"。

## 汽车开进百姓家

1993 年 10 月,邓小平轻车简从察看了北京市容和道路。这位德高望重的政治家,时时关心着中国老百姓何时过上小康生活。当车子驶上平展宽阔的机场高速公路时,他问:"这样的路算不算小康水平?"随行的北京市有关负责人说:"已经超过了。"小平欣慰地点点头。

**小康数字生活**:过去,中国没有高速公路,汽车更是少得可怜。中国是世界上头号"自行车王国"。1988 年,中国结束了没有高速公路的历史。到 2002 年,中国高速公路突破 2 万多公里,位居世界第二。1980 年,中国汽车产量 22.2 万辆。但到 2001 年,中国光轿车产量就达到了 70.4 万辆。

2013 年,全国高速公路通车里程已达 13.1 万公里,较 2012 年年末新增 4.1 万公里,位居世界第一。截至 2017 年 6 月底,中国汽车保有量达到 2.05 亿辆,居世界第二,全新的"汽车社会"正向我们走来。

## 旅游休闲成常态

1980 年,一则消息称,我国广播史上出现了一个罕见的现象,一档评书节目,全国有 63 家电台竞相播放,约有几亿人争听不衰。而如今,夜幕降临,人们逛书店、泡茶馆、观比赛、看影视、听演唱、大跳广场舞;"黄金周"到来,游客如云,车票难求,高速公路塞车严重……中国已成为世界第一大客源输出国,1.3 亿多人次迈出国门旅游。

大跳广场舞

## 举办 2008 年北京奥运会

　　2008 年 8 月 8 日到 24 日,第 29 届夏季奥运会在中华人民共和国首都北京举行,此次盛会聚集了 204 个国家和地区的体育精英,80 多位国家、地区首脑,参赛运动员 11 438 人,设 302 项(28 种运动)比赛,这昭示着中国强大的亲和力与号召力。

北京奥运会口号

## 加入世界贸易组织

2001 年 12 月 11 日,我国正式加入世界贸易组织(WTO),成为其第 143 个成员。

入世的受益者不仅是中国,还有整个世界。2009 年 11 月,"中国制造"形象广告开始在美国主流媒体播放,传达"中国制造,世界合作"的理念。事实上,中国制造也是世界分享利益的过程。如今,从美国人的被子到意大利人的皮鞋,从俄罗斯人穿的衣服到科特迪瓦人使用的餐具,几乎都能发现"Made in China"的影子。入世后,进口年均增长 20%以上,中国为世界提供了一个大市场。

## 世纪工程——三峡水电站

三峡水电站是中国有史以来建设最大型的工程项目,是目前全球最大的水力发电站和清洁能源生产基地。三峡水电站的功能有十多种,包括航运、发电、种植等。

三峡水电站 1992 年获得全国人民代表大会批准建设,1994 年正式动工兴建,2003 年开始蓄水发电,于 2009 年全部完工。

三峡水电站共安装 32 台单机容量为 70 万千瓦的水电机组,及 2 台单机容量为 5 万千瓦的电源机组,即总装机容量达到 2 250 万千瓦。

三峡水电站年发电量:2014 年 988 亿度,首次居全球首位;2015 年 870 亿度;2016 年突破 890 亿度,顺利完成 2016 年度发电计划。

长江三峡水电站

## 阅读指导

我们党和国家,坚持发展是硬道理的战略思想,坚持以经济建设为中心,全面推进社会主义经济建设、政治建设、文化建设、社会建设、生态文明建设,深化改革开放,推动科学发展,不断夯实着实现中国梦的物质文化基础。

发展是执政兴国的第一要务。千方百计抓经济,一心一意谋发展,是党和政府的神圣职责。但是,发展的目的究竟是什么?毋庸置疑,必须让发展成果更多更好地惠及全体人民,这是社会主义的本质特征,也传递了中央领导人一贯的民生情怀。

让改革发展成果惠及全体人民,必须坚持科学发展。以人为本,民生优先。发展既要立足当前,又要着力未来,面对当前国内外环境错综复杂、世界经济复苏艰难曲折、国内经济下行压力加大的情况,我们唯有坚持稳中求进、稳中有为、稳中提质,唯有依靠科学发展解决前进中的问题,依靠改革开放解决发展中的难题。

坚持从人民根本利益出发,问政于民、问需于民、问计于民,做决策、定政策充分考虑人民群众的利益,让人民群众主体地位得到充分体现,人民权益得到充分保障。做到始终代表人民根本利益,做到发展为了人民,发展依靠人民,发展成果由人民共享。

让改革发展成果惠及全体人民,必须以保障和改善民生为重点。我们党历年来重视民生,一直把解决民生问题作为我们发展经济的根本归宿和一切工作的出发点和落脚点。民生问题大于天,群众利益无小事,民生连接民心,民生连接幸福,解决民生问题,唯有依靠发展。我们要有"不干不发展、小干小发展、大干大发展"的思想,更加注重保障和改善民生,以此来推动经济社会又好又快地发展,增加社会物质财富;更加注重保障公平正义,努力使全体人民学有所教、劳有所得、病有所医、老有所养、住有所居,让全体人民共享改革发展成果。

### 思考与行动

1. 看过纪录片《舌尖上的中国》吗? 请学习制作一道佳肴,让爸爸妈妈品尝。

2. 请分析下面的现象:某市一处,到了半夜还有一些大妈兴高采烈地在跳广场舞,而从旁边社区的高楼里,却传来"明天我们要上班"的怒吼!

# 第五节　太平盛世　国泰民安

中国故事

## 跨年无休,护守上海

　　数千名官兵扼守4大险点区域,120余支巡逻小分队加大武装巡逻力度,各类应急处置小组、专业救援分队、反恐分队前置一线随时待命……每年的最后一天,武警上海总队近5 000名官兵节日无休,担负跨年夜外滩、南京路、新天地、小陆家嘴等重点人流密集区执勤和社会面武装巡逻任务,全力保障上海在平安祥和中辞旧迎新。

　　"请大家有序通过,注意脚下安全。"在外滩观景平台一侧,武警战士正引导群众依次有序进出平台。武警上海总队针对外滩、南京路、新天地、田子坊等区域标志性景点多、人车流量大,

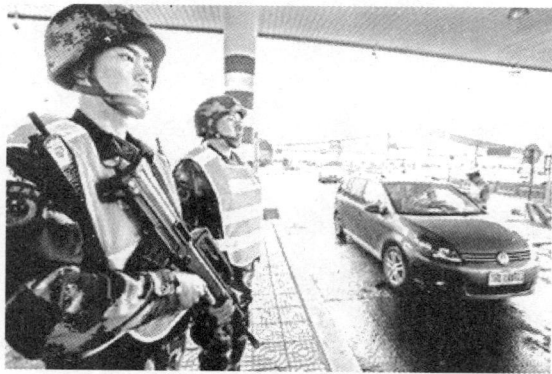

执勤的武警战士

易引起人流聚集和局部对冲等问题,全线抽组部署4 000余名精干力量,担负社会面武装巡控和机动备勤任务,确保重点、要点区域万无一失。

外滩是每年跨年活动人流最为密集的重点防控区域之一。在外滩一线,担负现场安保的九支队按照既定方案,确保安保无漏洞、无死角。在新天地太平湖及一大会址周边区域,驻守在此的三支队官兵正配合公安民警加强重点区域的观察、疏导、控制,维护新年倒计时活动现场秩序。同时,武警总队在每个重要路口及地区,全部预置机动兵力,为执勤官兵配发了警戒带、扩音器等应急器材,确保任何执勤点遇有情况,部队能够做到随叫随到,协同处置。

元旦执勤,武警总队最大限度动用23支城市武装巡逻车巡分队和百余支步巡组,担负起上海17个区县、2个机场及300多个重点目标巡逻防控任务,形成全方位、多层次的社会治安防范网络,切实提高威慑力。

## 一村一警　一步到位

围绕"平安中国"建设,青海省按照"全省覆盖,一步到位"的要求,积极推行"一村一警"工作,把警务工作触角延伸到"最后一公里"。

作为基层派出所的重要延伸力量,青海省4 596名"村警"积极发挥治安防范组织员、矛盾纠纷调解员、法律政策讲解员、交通消防安全宣传员、便民利民服务员等职能作用,协助开展治安巡逻、安全防范宣传4.5万余次,协助调解矛盾纠纷1.02万余起,化解苗头性问题1 585个,预防"民转刑"案件90起,协助采集信息5.47万余条。

115

青海省"村警"还积极协助党委、政府和公安机关,开展关爱保护工作,及时提供辖区贫困人口、留守儿童、空巢老人以及其他弱势群体的相关信息,并利用微信平台向群众提供防火、防盗、防骗知识和预警信息,深受广大群众的信赖和好评。

## 为民服务　带伤上岗

户籍民警努尔艾合麦提·柯尤木,正在新疆鄯善县公安局户籍窗口为前来办事的群众服务,一根靠在办公桌边上的拐杖异常显眼。由于局里警力全部到了一线,偌大的办公室里,就他一名带伤的民警在办公。

十天前的凌晨,努尔艾合麦提在集合时崴了脚,医院检查的结果是脚踝骨折,医生建议住院。住了 4 天院,努尔艾合麦提问医生,能不能出院? 医生建议再住几天。努尔艾合麦提急了,在鄯善,前来办理户籍的群众,少数民族占到了 70% 以上,窗口只有努尔艾合麦提一人懂民族语言,"老百姓大老远地跑来,办不了业务,心里会咋想?"

于是,努尔艾合麦提请求医生,能不能想个办法让他出院。医生见他这么着急,只好交代一番后,让他出院了。就这样,努尔艾合麦提一只脚打着石膏,拄着拐杖又回到了工作岗位上。

努尔艾合麦提笑着说:"能把老百姓的事办好,我心里就高兴,这也是一种工作乐趣吧。"

与努尔艾合麦提一样,警务人员阿力木·执扎克因工负伤后,也很快回到了工作岗位上。

那天中午,有群众报警,大棚着火了。接警后,阿力木带领 3 名警务人员迅速赶往现场,在距现场 300 米处车辆侧翻,阿力木晕了过去。

**带伤上岗的民警**

在鲁克沁镇医院苏醒后，阿力木感觉身体并无大碍，要求出院返回工作岗位，但医生建议住院观察。实在拗不过阿力木，医生建议到县医院好好检查一下，没什么大问题再回去上班。

鄯善县公安局副局长回忆说，他赶到医院时，阿力木还没苏醒，看上去土头土脸的比较惨。"阿力木醒来后，第一句话是'火灭了没灭'。第二句是'财产损失怎么办?'后来感觉自己身体没什么大事，就要求回岗位……说心里话，我当时比较感动。"说到此，副局长的眼睛有些湿润了。

### 阅读指导

来自公安部的统计数据显示，近年来，我国杀人案件每 10 万人发案数仅为 0.9 起，比日本、瑞士等公认治安最好的国家还要低。

改革开放至今，经济发展，物质丰富，人民对美好生活的向往，将更多地聚焦于对平等、公平、公正、自由、法治的向往，聚焦于对安全、社交、尊重和自我实现的需求。

俗话说，平安是福。平安是幸福生活的源头，更是幸福生活的保障。"平安中国"既是"中国梦"的重要篇章，又是实现"中国梦"的有力保障。

"天下顺治在民富，天下和静在民乐。"深化平安建设，构建平安中国。平安中国已上升到国家层面，第一次明确作为政法工作的奋斗目标来追求，让百姓看到了党和政府确保社会环境平稳安全、人民心境平和安定的决心和信心。

我国平安建设正发生着三大变化：顺应民需谋平安，从"小平安"建设到构建"大平安"体系；依靠民众建平安，由"管控"向"善治"转变；尊重民意论平安，由围着经济发展排名转向围着群众意愿要求干。

如今，惩治犯罪、治安防控、化解矛盾，一张全覆盖、多层面的"平安网"正在全国各地铺就。平安中国建设，正以浩荡之势，渗透到大江南北，知晓于千家万户，跃上一个新高度。

思考与行动

1. 公安部门再三提醒：凡是自称公检法要求汇款的都是诈骗，凡是叫你汇款到"安全账户"的都是诈骗，凡是陌生网站要求登记银行卡信息的都是诈骗……但社会上诈骗案仍屡见不鲜，这是为什么？请提出你的根治建议。

2. 请分析你所在学校周边和生活社区的治安形势，与同学们一起制订《平安学校》《平安社区》施行建议，提交学校领导和地方政府。

# 第六节 "一带一路" 共享发展

## 把产品卖到非洲!

　　在非洲这一广袤土地上,活跃着许多福建省泉州人的身影。担任马达加斯加华商总会会长的蔡国伟就是其中的一位。他说,非洲市场对中国的水暖产品、瓷器都有着强劲的需求。

　　1997 年,刚到马达加斯加的蔡国伟开始从事小生意。他从亲戚手里盘过来一些积压货,请了个当地工人,拿着计算器,开着一辆破旧的二手车,开始跑起市场,开拓起生意网络。慢慢地他由零售转型成批发,并着手运营专业市场。2000 年,他在马达加斯加的首都塔那那利佛市,租下一块地,建起了 3 层楼高、总面积达到 1 500 多平方米的丽都商场。

非洲人民爱用中国制造

　　在马达加斯加掘到第一桶金之后,蔡国伟选择回国创业。他认为,泉州有很好的华侨优势,也有着丰富的产业资源,特别是鞋服产业,可以把泉州的产品带到非洲,利用泉州的品牌优势,建立国际商贸中心,带动泉州产品国际化,将泉州产品推向世界。

据了解,非洲的埃塞俄比亚、肯尼亚、尼日利亚、安哥拉人口总数达到 3.2 亿,占非洲人口的三分之一。其中,埃塞俄比亚是非洲第二人口大国,9 100 万;尼日利亚是 1.7 亿,安哥拉是 2 000 万,肯尼亚是 4 000 多万。这些国家在中国对非关系中占有很重要的地位,是人力资源充沛的大部落。

"商机是可遇不可求的,当你碰上好的时机,一定要马不停蹄地谋划、布局、运筹,为日后的生意打下良好基础。"蔡国伟的经验告诉我们,作为一个商人,就是要在"对的时机,进入对的领域,做出对的投资决策"。

## 中国徐工,世界认可!

经过 80 个小时的奋战,捷报从马来西亚 Lumut 湾传来:中国徐工集团出口的最大吨位水平定向钻 XZ 5500,在连续无故障工作500 小时之后,成功穿越 1 200 米河流拖管成功! 当消息传递到徐州,XZ 5500 团队的所有成员都兴奋地跳起来,大呼一声:"YES!"

这样的故事在徐工每天都会发生。在世界各地,徐工人用忠诚信用、真诚负责的态度赢得世界的认可! 徐工,这个有着 70 多年历史,却极具战斗力、爆发力的地方国企,凭借"诚信、尊重、创新、奋斗"文化,让徐工品牌在海外美誉度更进一层,再一次向世界证明其行业领军者地位,并展现了国际化的顶级风范。

从走出去的第一天,徐工就明白,出去的不仅仅是产品,也不仅仅是徐工这家企业,而是中国制造的形象。

2010 年,徐工巴西工厂奠基,这是中国工程机械企业在海外建厂的最大一笔投资。投资 3.2 亿美元,占地 1 200 亩,打造徐工第一个集研发、采购、制造、销售为一体的海外成套工程机械制造基地,以此发展巴西当地、辐射南美及北美的国际市场。而今,巴西工厂已完成主体建造。

2013年,徐工获得德国北威州当年度"最佳投资奖",成为首个获此奖的中国企业。徐工集团董事长表示:"投资、融合、创新,但这仅仅是第一步;我们希望在欧洲建立稳定的企业,为当地社会的和谐幸福作出贡献,融入欧洲。"

## 阅读指导

"一带一路"带动整个中国西部地区的开发和开放,解决中国区域间的发展差距问题,以实现新时期国内的城乡、区域间均衡性发展。"一带一路"实际上是统筹我国改革开放的全新战略,是新时期我国对外开放的"龙头"。

**让中国力量走出去**　中国新一轮对外开放,是让中国力量走出去,需要主动、主导地提出自己规则。

**通过"一带一路"带动中西部的发展**　我国中西部地区占国土面积的80%,人口接近60%,但进出口却只占全国的14%,吸引外资占全国的17%,对外投资占22%,GDP也只有1/3左右。国内和"一带一路"关系密切的省份恰恰主要是中西部地区。

**确保中国能源供应安全**　目前,中国的原油对外依赖度接近60%,已超过美国成为全球最大的石油进口国,而原油海上运输几乎都要途经马六甲海峡。在目前国际航行安全主要由美国保证、中美之间竞争合作关系日趋复杂的情况下,一旦原油供应中断,对中国经济的打击不言而喻。

在"一带一路"建设中,通过资本输出的方式,将带动我国全球贸易布局、投资布局、生产布局的重新调整。我国将以资源型产业和劳动密集型产业为重点,在沿线国家发展能源在外、资源在外、市场在外等"三头在外"产业,进而带动产品、设备和劳务输出。

**相关链接**

2017 年 5 月 14 日至 15 日，"一带一路"国际合作高峰论坛在北京召开。这是一次全球瞩目的盛会。

会上，"'一带一路'国际合作高峰论坛""和平""建设""发展""文明""开幕式""合作""全球""人类""成果"，分列热点议题的前十位，与"一带一路"倡议中开放包容、互利共赢的理念相契合。

国家主席习近平出席论坛开幕式，并发表题为《携手推进"一带一路"建设》的主旨演讲。

演讲中，习近平阐述了"丝路精神"，总结了"一带一路"建设成果，描绘了"一带一路"建设蓝图，指出要将"一带一路"建设成和平之路、繁荣之路、开放之路、创新之路、文明之路，开启了"一带一路"建设的新篇章。

**让世界分享中国红利** 据专家预计，2014 年至 2020 年，中国累计向国外提供的商机将达 17 万亿美元，对外直接投资存量将突破 1.2 万亿美元，将为世界其他国家贡献 700 万个新增就业岗位，对世界经济增长的平均贡献率将达到 27%。

一些专家说"很多发展中国家在基础设施建设方面有强烈需求，而中国有外汇储备、技术水平和施工队伍的优势。优势和需求相结合，既能带动他国经济发展、民生改善，又能帮助中国国内消化产能、调整结构，这是互利互惠、牢固长远的极佳选择。"

我国是经济全球化的积极参与者和坚定支持者，也是重要建设者和主要受益者，在构建新一轮全方位的对外开放中，我国将更加注重在国际规则制定中发出更多中国声音，注入更多中国元素，维护和拓展我国的发展利益。

123

*思考与行动*

1. 假如要将你家乡的土特产运送到俄罗斯出售,请为此设计整个流程图,包括:购买商品(注意目的国宗教习俗及法律规定)、装箱运输(寻求最佳列车线路)、商品集散地(签订租赁合同)、出售及售后服务(商品价格、雇用员工工资)等内容。

2. **报道**:一些中国游客在法国、日本等大型商场,纷纷争购一些高端奢侈品,回国后却发现这些高端奢侈商品,贴的是外国名牌,但产地全在中国大陆。

请评析这种消费现象,并向班级同学宣介自己的观点。

# 第三章
# 中华民族强起来了

实现中华民族伟大复兴的中国梦,从经济战略角度看,就是要在全面建成小康社会的基础上,加快从经济大国走向经济强国。

——习近平

## 第一节　令人惊叹的大国工程

中国故事

### 壮观的港珠澳大桥

港珠澳大桥是一座跨海大桥,连接香港大屿山、澳门半岛和广东省珠海市,全长55公里,其中海底隧道6.7公里,是中国乃至当今世界规模最大、标准最高、最具挑战性的跨海桥梁工程。

它是世界建筑史上里程最长、投资最多、施工难度最大,也是最长的跨海大桥;它被英国卫报评为"新的世界七大奇迹"之一;它把港珠澳三地的陆地通行,从4个小时缩短到了30分钟;在大桥的建设过程中,科学家和工程师们创造了400多项新专利、7项世界之最。

港珠澳大桥

　　这座堪称交通工程界"珠穆朗玛峰"的港珠澳大桥，2018年1月1日正式通车！大桥的通车，将会直接形成珠海—香港—澳门的半小时时空圈，在珠海居住，到澳门娱乐，去香港购物，将不再是梦！

## 穿越沙漠最长的高速公路

　　全长2 582公里的"超级工程"京新高速公路，宣告全线贯通。

　　京新高速全线贯通后，从北京通往新疆乌鲁木齐的路程，将比现有路程缩短1 300多公里。该高速将开辟从新疆霍尔果斯口岸至天津港的最快捷出海通道，成为"一带一路"发展中新亚欧大陆桥的重要组成部分。

　　这是亚洲投资最大的单体公路建设项目、"一带一路"标志性工程，也是世界上穿越沙漠最长的高速路。全线穿越中国四大沙漠之一的巴丹吉林沙漠和戈壁滩，多次经过无人区，施工环境异常恶劣，是继青藏铁路后又一具有典型艰苦地域特点的代表性工程。

京新高速公路

京新高速公路是国家高速公路网规划的第七条放射线。每年超过 1 万亿元铺就的中国公路网,向更远处延伸。鹤大高速,春天、秋天,能领略完全不同的风景;川藏公路北线,雀儿山隧道贯通,曾经山鹰都飞不过的山峰,现在 10 分钟就能翻越。

目前,中国高速公路总里程已经突破 13 万公里,位居世界第一。

## 补齐"民生短板"的工程

2017 年春节前,青海省果洛藏族自治州的玛多、班玛、久治三县居民惊喜地发现,街市的灯火开始彻夜不息。2016 年 12 月底,国家电网果洛联网工程最后一个变电站带电成功,这三个县彻底告别了"电力孤岛"的历史。

传递到高原的光明和温暖,背后付出的是巨大的艰辛。果洛联网工程沿线高寒缺氧、生态脆弱,平均海拔 4 000 米以上,施工极具挑战。建设者们 3 次横跨黄河天险,翻越高山 18 座,最难处硬是脚

127

爬手挖,打造出一条暖心电力长廊。

中国最后没有通公路的两个乡——西藏墨脱加拉萨乡和甘登乡,也迎来一件大事。受气候条件复杂、地质灾害频发影响,当地交通设施极度落后,运输只能靠人背畜驮。而这两个乡到县城的公路在极其艰辛中陆续修通。

一盏灯、一段路、一杯水、一间房……凡是老百姓关心的就是民生。想群众所想、急群众所急,就算上天入地、争分夺秒,也要补齐民生短板。

为改善北方用水严重短缺状况,南水北调东线、中线一期工程经过五十年规划论证和十余年艰辛建设。从 2013 年通水至今,累计输水已超过 100 亿立方米,相当于向北搬运了 700 个西湖,受益人口超过 1 亿。

为解决困难群众"住有所居"问题,我国大力推进棚户区改造,过去 8 年使 8 000 多万群众告别低矮破旧的棚屋,成为人类建设史上的伟大奇迹。

加强以"水、电、路、房"为重点的民生建设,大国工程惠及群众的范围越来越广,百姓受益越来越大。

南水北调中线通水

# 工程，提高着"民生质量"

打通衣食住行的"最后一公里"，百姓有了更高层次的需求，大国工程和民生保障也被赋予更多期待和更广内涵。

北京市大兴区长子营镇郑二营村完成了全村 101 户煤改电，"用电采暖比过去烧煤炉强，暖和、方便又环保，真不错！"经过一个冬天的体验，村民们十分满意。

面对采暖季不时来袭的雾霾，北京市加快实施煤改电工程，去年最繁忙的时候达到 2 000 个作业面，电力导线约 2.1 万公里，总长度可绕地球半圈……施工量之大，前所未有。截至 2016 年末，已累计完成 58.25 万户居民改造，核心区已基本实现"无煤化"。

在远离内陆 1 000 公里外的南海，中国电信埋下海底光缆，开通了南沙诸岛礁多个 4G 基站，使周边作业的渔民、驻岛人员和官兵在海上看视频、打电话也能同陆地上一样流畅。截至目前，几大运营商 4G 信号基本实现了广覆盖。

从加强环境保护、提升公共服务，到完善交通网络、优化设施设备，一个个民生工程落地，连接着千家万户，受益的是每一个百姓。生活发生点点滴滴的变化，涓涓成流，沁润心田，悄然提升着大家的幸福感。

这是一张张更加绿色、宜居的民生图景：

全国 443 个城市提出地下综合管廊建设专项规划，涉及建设里程约 13 000 公里；370 个城市提出海绵城市建设专项规划，涉及建设面积约 10 200 平方公里……城市将变得越来越有"面子"，更有"里子"。

这是一张张更加便捷、现代化的民生图景：

5G 加速研发、信息高速路加快搭建，将提升人们的生活体验；新能源汽车加快推广，充电设施数量不断增加，出行方式的选择越来越多;智慧城市试点数量近 600 个,利用大数据、云平台等技术实现信息共享……

这是一张张加快补短板、增强获得感的民生图景:

仅 2017 年一年,重大水利工程在建投资规模将超过 9 000 亿元。"十三五"末将完成中小河流治理、小型病险水库除险加固等建设任务;"京津冀环境综合治理重大工程"正在酝酿,将为打好蓝天保卫战提供支撑和示范……

**成都双流机场新能源汽车分时租赁网点上线**

民生温度支撑发展高度。展望未来,重大工程将越来越成为全面建成小康社会征程中的新"助力",不断描绘民生新画卷。

### 阅读指导

令国人无比自豪的一项又一项重大工程,让惠民脚步越来越快,惠民之路越来越宽。

"治国有常,而利民为本。"我们各级党组织和人民政府,落实以人民为中心的发展思想,不断增强人民群众的获得感和幸福感。解决好民生问题,人民才会安居乐业,社会才能和谐稳定。多搞一些改善生产生活条件的项目,多办一些惠民生的实事,多解决一些各族群众牵肠挂肚的问题,让老百姓过上更好的日子,就是我们的奋斗目标。

以习近平同志为核心的党中央,始终心系人民、造福人民,奋力开创各项民生事业发展新局面。一份份民生成绩单来之不易,让人倍感温暖。新形势下,无论是推进脱贫攻坚,还是破解教育、医疗、住房、环境、食品安全等领域的民生难题,都还有不少硬骨头要啃。

**思考与行动**

1. 调查:对你所在城市或乡镇正在或已经建设的国家工程,写出调查报告。(内容:① 工程名称;② 工程价值;③ 工程中的人和事;④调查感悟)

2. 你认为自己所在的城市或乡镇还存在哪些民生问题?请提出改进建议。

# 第二节 走向世界的创新科技

## 天神对接

天宫二号和神舟十一号载人飞行任务圆满成功,首次实现了我国航天员中期在轨驻留,并开展一批体现国际科学前沿和高新技术发展方向的空间科学与应用任务,标志着我国载人航天工程取得了新的重大进展。这是建设创新型国家和世界科技强国的最新成果,是中国人民攀登世界科技高峰的最新成就,充分体现我国的科学技术发展达到了一个新水平,综合国力和国际竞争力有了明显增强,充分表明中国人民有信心、有能力在世界高新技术领域占据一席之地。

模拟图:天宫二号与神舟十一号对接

按照规划,我国将在 2020 年左右实现重点突破,加速迈向航天强国;2030 年左右实现整体跃升,跻身航天强国之列;2050 年之前实现超越引领,全面建成航天强国。中国航天事业的发展,必将为实现中国梦凝聚强大力量,为增进人类的福祉作出更大贡献。

图解:2016 年 10 月 17 日,神州十一号在甘肃酒泉卫星发射中心成功发射,这是我国第 6 次载人飞行任务,也是我国持续时间最长的一次载人飞行任务,总飞行时间达 33 天。目前,中国已掌握载人天地往返、空间出舱、空间交会对接、组合体运行、航天员中期驻留等载人航天领域重大技术。

## 会游泳的飞机

广东珠海金湾机场,世界目光聚焦在一架蓝白相间的大型飞机上——启动、滑行,机头昂起,直插云霄……我国首款,也是目前世界上最大的大型水陆两栖飞机——"鲲龙"AG600 顺利起飞,在空中飞行 64 分钟后平稳着陆,实现完美首飞!

133

**"鲲龙"AG600**

　　至此,中国大飞机家族"三兄弟"运－20、C919、AG600 先后飞上蓝天! 而"鲲龙"AG600 则既可飞天,又能入海! 这一历史性的时刻,是我国通用航空产业,乃至整个航空工业的重大历史性突破。

**喷气型大型客机 C919**

　　**图解:**2017 年 5 月 5 日,中国自行研制、具有完全自主知识产权的喷气型大型客机 C919,在上海浦东国际机场一跃而起,直上云霄。C919 的首次蓝天之旅,是中国百年航空工业史上值得记录的重头戏,更是中国航天工业和民航飞机事业的腾飞。

## "墨子"保密

世界首颗量子科学实验卫星墨子号成功发射升空。中国科学院宣布墨子号在国际上首次成功实现从卫星到地面的量子密钥分发到从地面到卫星的量子隐形传态,抢占量子科技制高点。中国量子卫星首席科学家潘建伟院士介绍,如果说地面量子通信构建了一张连接每个城市、每个信息传输点的"网",那么量子科学实验卫星就像一杆将这张网射向太空的"标枪"。当这张纵横寰宇的量子通信"天地网"织就,海量信息将在其中来去如影,并且"无条件"安全。

## 深海勇士

中国 4 500 米载人潜水器——"深海勇士"号将正式验收交付,预计将在今后 30 年里为海洋科考服务。"深海勇士"号拥有目前世界先进的控制系统,为中国正在建造的万米级潜水器打下基础。

除了自动驾驶、紧急制动、防止漏水以外,新一代潜水器控制系统最牛的设计,就是自带导航,可以实现大海捞针。

载人潜水器——"深海勇士"号

135

## "悟空"飞天

我国在酒泉卫星发射中心用长征二号运载火箭成功将"悟空"发射升空。"悟空"号是一个暗物质粒子探测卫星,是目前世界上观测能断范围最宽、能量分辨率最优的暗物质粒子探测卫星。该卫星由一个塑料闪烁探测器、硅微条、钨板、电磁能量器和中子探测器组成。"悟空"号的主要科学目标,是以更高的能量和更好的分辨率,测量宇宙射线中正负电子之比,以找出可能的暗物质信号。

## 第一"超算"

在德国法兰克福召开的 ISC 2017 国际高性能计算大会上,中国"神威·太湖之光"超级计算机,以每秒 12.5 亿亿次的峰值计算能力以及每秒 9.3 亿亿次的持续计算能力,再次斩获世界超级计算机排名榜单 TOP 500 第一名。本次夺冠实现了"神威·太湖之光"超算的四连冠,同时也是我国超算系统在世界超级计算机冠军宝座的十连冠。

# 可燃冰，酷！

2017 年 5 月，中国南海可燃冰试采工程首次采气点火，持续采集 60 天，累计产量 30 万立方米，创造了产气时间、气体产量最大等世界第一的纪录。据初步预估，中国可燃冰资源量相当于 800 亿吨油当量。这样的数字是个什么样的概念？沙特阿拉伯的石油储量大概是 2 600 亿桶，相当于 400 亿吨，而中国的可燃冰资源量，相当于两个沙特阿拉伯的石油。

## 阅读指导

中国科技创新具有三个突出特点：第一，西方发达国家的现代化是一个"串联式"发展过程，工业化、城镇化、农业现代化、信息化顺序发展，发展到目前水平用了 200 多年时间。我们要把"失去的二百年"找回来，这决定了我国发展必然是一个工业化、信息化、城镇化、农业现代化叠加发展的"并联式"过程，必须充分发挥科技进步和创新的关键作用。

第二，我国科技创新正在从外源性向内生性转变。只有把核心技术掌握在自己手中，才能真正掌握竞争和发展的主动权，才能从根本上保障国家经济安全、国防安全和其他安全。

第三，我国科技事业取得举世瞩目成就的最重要经验之一，就是充分发挥社会主义制度优越性，集中力量办大事，抓重大、抓尖端、抓基本。

人才资源是第一资源，创新驱动本质上是人才驱动。人才是创新活动中最为活跃、最为积极的因素，综合国力竞争归根到底是人才竞争。要把科技创新搞上去，就必须建设一支规模宏大、结构合理、素质优良的创新人才队伍。

　　人才以用为本,重点用好科学家、科技人员和企业家,放手使用人才,通过各种途径方式为他们发挥作用创造条件,为人才发挥作用、施展才华提供更加广阔的天地。让经费为人的创造性活动服务,让领衔科技专家有职有权,有更大的技术路线决策权、更大的经费支配权、更大的资源调动权,同时也要重视必要的物质激励,使科研人员通过科技成果转移转化,做到"名利双收"。同时,制订更加积极的国际人才引进计划,敞开大门,广招四方之才,开发利用好国际国内两种人才资源。

### 思考与行动

　　1. 工程师,是一个非常响亮和骄傲的名称。未来,你愿意拥有这个称号吗? 请说说你的想法和打算。

　　2. "墨子""神威""悟空"……和我们有关吗? 为什么?

## 第三节　撼山易，撼解放军难

### 中国"最牛"试飞员

作为军人，李中华是优秀的。他有高超的试飞技能，能完成世界顶尖试飞员才能完成的科目。他有良好的心理素质，无数次在空中临危不乱、化险为夷，保住了价值数亿元的国家财产，为我国新一代战机的研发立下了汗马功劳。他有扎实的理论功底，不仅会飞，而且懂飞机，是名副其实的"专家型"试飞员。

李中华

作为男人，他同样是优秀的。他酷爱运动，滑旱冰、滑冰、篮球、羽毛球，都玩得有模有样。他热爱生活，会费尽周折从俄罗斯带回油画和画框，有空就背上相机去拍照，喜欢读最新的报告文学和小说。护士节时，他会采花送给妻子。晚饭后陪妻子散步，出差前把

139

冰箱塞满,把玻璃窗擦得透亮。儿子学围棋,他不仅来回接送,还亲手给儿子做围棋棋盘。

这样的军人和我们传统印象中的有些不一样。时代在前进,军人也一样。新时代的中国军人就应该是这样的:既精于业务,又懂得生活;既为祖国效忠,又对家庭负责;不忘传统,更紧跟时代。李中华,就是当代中国军人的典范。

## "这个中国军人,真是个可怕的对手!"

初春,苏北某山地射击场上,一名黑黝黝的上尉军官格外引人注意,只见他身手敏捷,快速占领有利射击地形,数声枪响,靶标一一击落,赢得战士鼓掌喝彩。

这名上尉军官,就是"坚守上甘岭钢铁英雄连"连长陈蒙祥。在去年的哥伦比亚第47期国际狙击手比赛场上,他顽强突击,取得了对移动目标狙击、战术狙击等三个科目单项第一,昼间430米、550米、680米、1 300米射击,夜间300米射击五个课目单项第一的优异成绩,让国内外同行刮目相看。通过不懈努力,他摘得"国际狙击手"勋章。

那次集训,不仅有国内高手,还有来自哥伦比亚、阿根廷、巴西等国的狙击精英和总教练。强强对决,唯有全力以赴才有胜出的可能。集训中,他和队员们每天穿着十几斤重的吉列服训练,衣服从早湿到晚。集训规定,周一到周六每天不少于18个小时的训练,逢练必考,现场公布成绩。面对生理、心理上的双重考验,陈蒙祥暗下决心:"出了国门就代表中国军人的形象,我要把'上甘岭'精神再次展现给全世界!"

带着组织的期望,带着家人的鼓励,最终陈蒙祥踏上了出征的道路。哥伦比亚地处热带,40多度的高温下,蚊虫、毒蛇遍地,环境

极其艰苦。为练好据枪稳定性，陈蒙祥在草丛中一趴就是半天，任
凭毒虫叮咬，他纹丝不动。那段时间，陈蒙祥全身都被叮咬得浮肿、
溃烂，至今还留有黑色的疤痕。

**中国特种兵**

集训中期，转战高原。在海拔 3 000 米的高原进行高寒训练，
随着海拔的升高，气温骤降 30 多度，陈蒙祥衣着单薄，手脚被冻裂
浮肿，身体出现许多不适应。由于训练强度加大产生高原反应，他
开始头晕、呼吸困难、肺部疼痛，脸色变得惨白。哥方教官要求他
停止训练，接受军医治疗，集训队友们也纷纷劝他放弃训练。陈蒙
祥却凝重道："特种兵的字典里就没有放弃！中国军人更不可能
认输！"

两个月的时间，陈蒙祥瘦了 10 公斤。他凭借惊人的毅力和胆
识，先后完成了狙击理论、心理、体能、技能和战术五大部分共 27 个
课目的培训课程，其中包含 30 米高空机降、高寒训练、运动下快速

狙击等高危训练课目，他顺利通过考核并获得"国际狙击手"勋章。结业典礼上，一些外军队员纷纷夸赞："这个中国军人，真是个可怕的对手！"

## 航母编队，跨海演训

我航母辽宁舰与数艘驱护舰组成编队，携多架歼-15舰载战斗机和多型舰载直升机开展跨海区训练和试验任务。

上午11时，在黄海某海域，十余架歼-15舰载战斗机飞临辽宁舰上空，随着着舰指令的下达，第一架歼-15舰载战斗机进入着舰航线，并放下起落架襟翼尾钩，随着轰鸣巨响，歼-15舰载战斗机尾钩牢牢挂住阻拦索。随后，十余架歼-15舰载战斗机依次降落在辽宁舰甲板，成功完成阻拦着舰。

海军某舰载战斗机团团长说，这次是我们飞行员在复杂海况情况下执行这种着舰的训练，应该说从技术上、心理上、环境上都很有特点，我们先期也进行了非常详细的准备和技术的研究，包括我们飞行员、LSO。从训练的效果来看，应该说大家对气象的适应、对海况的适应还是非常快的，所有的回收都一次顺利地完成，达到了预期效果。

航母编队是经过昼夜高速航渡，于凌晨抵达预定训练海区后，立即展开训练的。十余架歼-15舰载战斗机依次从辽宁舰滑跃起飞，开展了空中加受油、空中对抗等科目训练，完成训练任务后在辽宁舰阻拦着舰。

航母编队起航以来，走一路练一路，先后开展了多个科目的编队训练和舰载机舰基战术训练，加强了编队各属舰之间的协同，锤炼了编队官兵的综合能力素质。辽宁舰入列服役以来，各项训练和试验工作稳步推进，航母编队体系化训练逐步常态化，海军舰载战

斗机飞行员自主培养体系日趋完善,多批舰载机飞行员取得航母飞行资格认证。辽宁舰编队还于渤海海域组织了实际使用武器演习,歼—15舰载战斗机和辽宁舰发射各型导弹十余枚,对目标实施了准确打击,取得了良好训练效果,达到了预期目的。

这次"辽宁号"航母编队从渤海出发,经过南海,台湾以东外海,穿越宫古海峡,突破第一岛链后折返经过巴士海峡进入南中国海,这一路线也彰显了对于台独势力与国际干预势力的威慑与警示,彰显了中国海军坚定维护国家主权的决心。

强大的中国火箭军部队

# 这位藏族班长，厉害了

从新兵到老兵，从操作号手到指挥长，火箭军某导弹旅发射二营藏族班长益西次仁，凭借过硬的技术和指挥能力，执行多次重大军事任务，是全旅响当当的导弹专业技术大拿，指挥导弹转载操作能精准到毫米。据说，他入伍时连汉字都不认识。

益西次仁

清脆的哨音划破冬夜的宁静。一位身材魁梧的上士，双手不停地做出各种手势，嘴里吹出长短不一的哨音。他正在指挥几名号手操作吊车臂或升或降，或转或停，将一枚导弹稳稳地转载到发射车上。几分钟后，战车驰骋驶入夜幕，一场导弹发射演练即将打响。

长剑入鞘，指挥操作精确到毫米，对于这位上士来说，已如庖丁解牛般熟练。他，就是火箭军某导弹旅发射二营藏族班长益西次仁。

2004年冬，19岁的益西次仁脱下藏袍穿上军装，来到战略导弹部队。进入军营益西次仁才发现，一双曾降服野牦牛的大手，此时却如生了锈的铁钳子一般，导弹专业教材摆在面前，他不识汉字如读天书；导弹操作训练，他直到手心冒汗也没弄明白。

知耻后勇。此后，在学习室内、训练场上、发射架下见证了他的突击，也记录了他的精彩。一次，部队奔赴大漠戈壁执行演练任务，益西次仁受命为全旅进行夜暗微光条件下导弹转载演示。老天似乎故意刁难，傍晚时分刮起大风，风力达到作业极限。演示前，益西次仁带着操作号手反复进行推演，拿出多种应急预案。最终，他凭借过硬的技术和指挥能力，在指挥操作单元出色完成导弹转载任务,刷新了该型导弹极限气象条件下成功转载的纪录。

从新兵到老兵,从操作号手到指挥长,益西次仁驱车仗剑执行多次重大军事任务,带出一批专业技术骨干。他不善言辞,更不喜欢以能者自居,挂在嘴边的是那句家乡谚语:"盐巴水不解渴,漂亮话不顶用,有没有能耐,关键时候露出来!"

## 阅读指导

兵者,国之大事。在我们党领导中华民族伟大复兴的进程中,特别是在当前国际国内形势发生深刻变化的情况下,建设巩固国防和强大军队,关系到社会主义前途命运,关系到党和国家长治久安。

以强大军队支撑国家崛起,是世界大国崛起的基本条件。而近代中国之所以受尽欺凌,军事力量的孱弱是重要原因。今天,我们要实现的中国梦,实际上就是强国梦,对军队来说,就是强军梦。没有一支强大的人民军队,没有一个巩固的国防,强国梦就难以真正实现。

伴随着中国的发展,一些西方国家不断加大西化、分化的力度,加紧对我国策动"颜色革命",加紧实施网上"文化冷战"和"政治转基因"工程,妄图颠覆中国共产党的执政地位。面对的风险越大,就越需要军队的鼎力保卫和支持。枪杆子里面出政权,枪杆子也能保政权。把枪杆子搞强了,党的执政地位才能稳如泰山,我国的社会主义大旗才能屹立不倒,共产主义运动才能一直向前。

推进强军兴军实践,是军队在新形势下的浴火重生。完成这样的重生,需要弘扬长征精神、航天精神等,向思想解放要动力。在思想深处、灵魂深处,进行一场革命,寻求思想上的大解放,观念上的大更新。

推进强军兴军实践,要有敢于向自身开刀的非凡胆识和勇气。严酷的现实证明,只要是私利,终究会被打倒。不被自己打倒,就被别人打倒。今天不打倒,明天必打倒。我们要以壮士断腕、刮骨疗毒的魄力,冲破个人利益、部门利益的藩篱,以更开阔的视野、更宽广的胸怀、更坚决的行动,打赢改革强军这场攻坚战。

强军兴军之路是创新之路,没有可以模仿的定式。今天,是一个让人思想的时代,迫切呼唤一批又一批思想者深入思考。我们每一个人,哪怕只有一点点思想火花,都可能燃起熊熊燎原之火。思想火花多了,前行的路就亮了。要有吞吐天地的大气魄,敢于设想我们的远大目标,勇于追求远大目标;要有干成事业的大追求,把中国军人的人生价值,体现在强军兴军实践的每个具体行动中。

### 思考与行动

1. **信息**:瑞士国土很小,人口很少,为什么能在两次世界大战中免于灾祸、保持中立?据该国一位外交家的说法是:瑞士公民迈出右脚是一名百姓,迈出左脚就是一个战士。他们没有遭受外敌入侵,就是因为他们随时都在准备打仗。

请联系上述信息，以简明的文字（不少于 300 字）解释下面的图片。

2. 当你 18 岁履行服兵役义务时，你希望能去哪个部队？海军？陆军？火箭军？……请向同学们表达自己的愿望，并简要说明理由。

# 第四节　中华文化　享誉全球

## "学会中文，好找工作"

　　遍布全球的孔子学院，让中国文化与世界亲密接触。以语言为媒、文化为桥，孔子学院已成为中国与世界开展人文交流的响亮品牌。目前，中国在全球 140 个国家和地区，设立了 512 所孔子学院和 1 073 所中小学孔子课堂，注册学员总数 210 万人，中外专兼职教师 4.6 万人。

　　"满强将军是我们这里的优秀学员，他的卧室里从墙上到床头全部写着中文字。每天一有空就发送汉语短信给我，只要一说到中国文化，他总有问不完的问题。"提起这位 50 多岁的高官学生，柬埔寨孔子学院的老师很是自豪。就在这个逾三分之一人口生活在贫困线下的国度，学习中文不仅被认为是改变命运的捷径，更是最潮流的时尚文化之一。

　　正如柬埔寨洪森首相亲口所言："学会中文，好找工作。"大部分柬埔寨外资企业都青睐同时掌握中、柬、英三种语言的应聘者，任何一个精通中文的雇员随时可获取相比其他员工高 5 至 6 倍的薪水。

　　大量柬埔寨学生利用课余时间抓紧学习中文，一周 5 小时，有的一学就是 10 年。特别在中柬友谊的良好氛围下，柬埔寨全国，从中学生到政府高官，都对中国文化有着浓厚的兴趣。

　　每逢中秋、春节等传统节日，学生们都会到老师的家里，一起包饺子,学做中国菜,其乐融融。在柬埔寨,流行文化中随处可见中国元素,举例来说,国内拍摄的《新三国演义》,在柬埔寨刮起了一阵中国风,每周4集,足足热播了大半年。柬埔寨的流行歌曲大多用柬语翻唱中文歌曲,周杰伦、许嵩等更是粉丝无数。

柬埔寨孔子学院办学是"照方抓药",即遵照柬埔寨的需求提供定制服务。比如暹粒地处吴哥窟,急需精通中、柬双语的导游,孔子学院就开设旅游班;中柬发展全面战略合作伙伴关系,官员精通中文有利于招商引资,于是就开设官员班。

蔡万宁(中文音译),柬埔寨首相府副秘书长,一家三口共同的爱好就是每周坐在孔子学院的课堂里,一边品尝原汁原味的工夫茶,一边聆听来自中国的文化。

## 感受中国文化之美

回忆起在"中国阿拉伯友好杰出贡献奖"颁奖仪式上,从习近平主席手中接过奖章并同习主席交谈的情景,56岁的埃及汉学家穆赫辛·法尔贾尼依旧难掩心中的激动。"当时我感动得说不出话来,谢谢中国领导人给予我如此崇高的荣誉。我对习主席说：'欢迎您访问埃及，埃及谚语说，喝过尼罗河水的人，一定会再回来。希望您多喝几口尼罗河水，多访问几次埃及。'习主席非常亲切和蔼地同我握手，说'谢谢'。"

"中国的文化有着非常独特的魅力，但是很遗憾，埃及人对于中国的了解还很不够，因此我希望用自己的笔让中国文化在阿拉伯的土地上绽放新的生命，让更多埃及人感受中国文化之美"，法尔贾尼说。

法尔贾尼曾用两年时间将《道德经》由汉语直接译成阿拉伯语，"在我之前，《道德经》虽然已经有了阿拉伯语译本，但它们都是从德语、英语或者法语转译的，由中文文本直接翻译，我是第一个译者。《道德经》篇幅虽然不长，但是其写作手法辩证、玄妙，译文要做到'信、达、雅'还是很有难度的。在翻译过程中，我发现《道德经》与埃及苏菲派的文学作品在表现形式上有着异曲同工之妙。"

中埃文化年的举办，让法尔贾尼对于埃中文化交流充满了期待。"文化年期间将举行包括埃中翻译工作室、埃中图书翻译出版在内的丰富的文化活动。两国文化交流的春天到了！"

法尔贾尼认为，在古代，一条贯穿东西的丝绸之路将埃中两个伟大的国家联系在了一起，两国关系成为人类文明史上友好合作、互鉴交流的典范。当前，两国文化交流进入了一个令人充满期待的新时代。"埃中文化合作的加强也为我个人创造了新的机遇。随着埃中两国合作机会的增多、合作机制的逐渐完善，我也同中国翻译家开展了越来越多的合作。目前，我正着手翻译中国古代的《诗经》，将由我同中国两位翻译家共同完成。"

京剧在海外

## 中文热词　畅行世界

近年来,随着中国文化影响力的增强,中国词语频频成为英语中的新单词,如"Tuhao(土豪)""Dama(大妈)""Taikonaut(中国宇航员)"等。美国媒体称,适应当前中国不断走向世界的趋势,英语中来自当代汉语的语汇和新词会迅速增加。

位于美国得克萨斯州的全球语言监测机构主席称,中文影响力在整个 21 世纪将会一直持续,这种现象源于中国在世界范围日益增长的影响力。全球化时代,我们正大踏步地走向世界。而在 1600 年前,仅有 Typhoon(台风)、Li(里)、Litchi(荔枝)等 6 个中国制造的词汇被收入牛津英语词典;17 世纪增加了 31 个,18 世纪又有 44 个词杀入英语家族,19 世纪达到 112 个词,而 20 世纪截至 1992 年,新词又增加了 152 个。自 1994 年以来,加入英语的新词汇中,"中文借用词"数量独占鳌头,以 5%～20%的比例超过任何其他语言来源。

*阅读指导*

　　文化是国家软实力的重要载体和象征，以文化作为桥梁，我们了解了世界，也让世界了解了中国。埃及汉学家穆赫辛·法尔贾尼、德国华人企业家陈茫等，都是致力于文化交流的英雄。

　　文化交流实质上是一种心灵沟通和情感交流。不同文化间的交流，是一种特别的"润滑剂"。它的存在，使国与国、民族与民族之间的沟通和交往，多了几分和谐理解与求同存异。

　　中国目前与世界上100多个国家保持着不同形式的文化交往，与数千个国外和国际的文化组织有着各种形式的联系；中国的戏剧、民乐在世界各地成功演出，受到热烈追捧；孔子学院分布在许多国家，中国学生与其他国家同龄人努力进行思想、文化交流……这些都向世界展示了中国优秀文化的丰富内涵和艺术魅力。

**相关链接**

　　中华优秀传统文化是中华民族的精神命脉，是涵养社会主义核心价值观的重要源泉，也是我们在世界文化激荡中站稳脚跟的坚实根基。

——习近平

　　在文化交流中，一个国家的形象十分重要，是一个国家"软实力"的重要组成。近年来，中国不断加强国家形象的塑造与推广，通过举办大型国际公关活动、促进文化交流机构在海外的建设、推广国家形象宣传片登陆海外媒体等方式，积极向世界展示中国的崭新面貌。

**图说**：由中国国务院新闻办筹拍的《中国国家形象片——人物篇》，在美国纽约时报广场大型电子显示屏上播出，中国各领域杰出代表和普通百姓在片中逐一亮相，让美国观众了解一个更直观、更立体的中国国家新形象。

高铁、核电、智能手机、屠呦呦……这一张张耀眼的中国"名片"，正受到海外媒体和网民热捧，为中国人的海外形象赢来无数好评。

大数据报告显示，海外媒体和网民，同时为中国电商、探月、互联网金融、基因技术、克隆技术等彰显中国科技创新能力的关键领域"点赞"。

一家知名英国媒体近期在一篇报道中这样描述中国在科技领域的革新图景：科技公司正在中国蓬勃兴起，未来20年，中国将成为全球投入科研经费最多的国家，世界上最好的工作将更多地出现在中国。

中国科技新力量固然令人惊叹不已，"一带一路"和亚投行等中国外交战略也赢得海外媒体和普通网民的广泛好评。不少外媒认

　　为,亚投行以其高效合理的贷款要求,受到发展中国家的普遍支持。一些海外网民认为,中国的"一带一路"计划"风靡世界",不仅体现了大国外交实力,更展现了中国的"软实力"。

　　此外,中国海外派遣和交流人员也在为中国人海外形象加了分。其中,中国维和部队、援非医疗、撤侨最受海外关注。例如,在超过 2.7 万条与维和部队相关的信息中,对中国维和行动表示赞赏的占比达 74%。而对中国在也门的撤侨行动共抓取的 1.9 万余条相关信息中,有 1.4 万余条给予了积极评价。

　　美国一家主流媒体在一篇报道中称,这场行动显示北京从危险地区撤离公民的能力日益增强。报道还援引一条评论说,"祖国的强大不仅在于和其他国家签订免签证协议,而且是在危险时刻能把你带回家"。

中国海外派遣和交流人员舆情情感分析

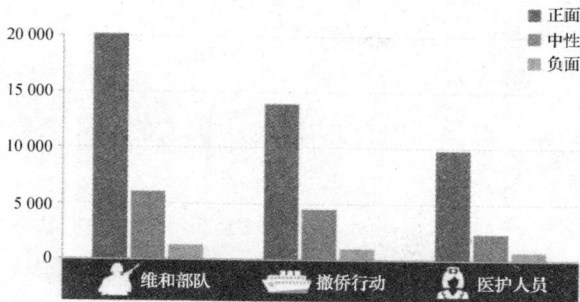

　　海外调查显示,多数国际民众认可中国"历史悠久的文明古国"的形象属性,并认为中国已成为当代世界大国。

　　调查发现,有半数以上外国人乐于和中国人交往。海外民众认为中国人神秘、理性、创新、温顺并且很幸福。

　　其中,中国青年人获得普遍认可:勤奋、有活力,是中国未来的希望。61% 的海外民众乐于了解中国文化,1/3 表示对学习汉语有兴趣。

国际社会对中国未来发展普遍持乐观态度,近一半海外民众认为中国会稳定发展,甚至成为世界第一大国。

## 思考与行动

1. 请上网搜索世界遗产"丝绸之路:长安－天山廊道公路网";比较中国、哈萨克斯坦、吉尔吉斯斯坦三国的文化特色;编制中国与哈萨克斯坦、吉尔吉斯斯坦两国文化交流与合作的行动计划。

2. 请谈谈你对下面这句话的理解。

祖国的强大不仅在于和其他国家签订免签证协议,而且是在危险时刻能够把你带回家。

# 第五节　大国外交　朋友天下

## 全球第一次盛会

2017年冬,中国共产党在北京操办了一场规模空前的全球政党大会,来自120多个国家、200多个政党和政党组织的领导人,齐聚北京,共商大计。这样的大场面,全球第一次,在世界政党史上也属罕见。

**诠释自信,中国发展世界瞩目**　96载风雨兼程,96载艰苦卓绝,中国共产党带领中国从贫穷落后的旧社会,走向小康富足的新时代。

党的十八大以来,以习近平同志为核心的党中央出台一系列重大方针政策,推出一系列重大举措,更是解决了许多长期想解决而没有解决的难题,办成了许多过去想办而没有办成的大事。在中国特色社会主义进入新时代之际,举办全球政党大会,极大地诠释出中国共产党的自信。

**展现担当,"中国方案"联动世界发展**　十九大报告强调指出,各国人民要同舟共济,促进贸易和投资自由化、便利化,推动经济全球化朝着更加开放、包容、普惠、平衡、共赢的方向发展。在"全球化"与"逆全球化"进程深度博弈的当下,中国举办全球政党大会,无疑有助于各国政党共商共议、平等交流,以"中国方案"引领探索更加公平公正、包容普惠的全球化新理念,开拓全球化新道路。

打造人类命运共同体

**务实作为，让全球共享"中国红利"**　世界经济发展离不开中国，中国继续发展也需要世界。举办全球政党大会明确表明：负责任的中国没有"口惠而实不至"，而是在务实作为、在让世界人民享受更多"中国红利"。

## 翻译谈人缘

翻译周宇，讲述了她眼中的习近平外交风格。在周宇看来，习近平的外交风格既自信，但同时又很谦逊。他每次讲中国故事的时候总是充满自信，会旗帜鲜明地告诉大家，中国就是一个社会主义国家，就是坚持共产党的领导。因为这符合中国的国情，得到了群众最广泛的支持，中国因为它取得了成功，为什么要改变它要放弃它呢？但同时他又非常谦逊，他会说，这条道路适合中国，但不一定适合别的国家。中国尊重世界各国人民根据各自的国情选择适合自己的发展道路。

谈到习近平讲故事的方式，周宇表示，可以说是娓娓道来，又通俗易懂，他会用愚公移山的故事告诉人们不怕困难，迎难而上；会用刻舟求剑的故事说明不能因循守旧，要与时俱进。他还常常用一些上善若水、天下大同这样中国传统文化的理念，说明中国外交政策上的一些主张，比如构建人类命运共同体。

周宇坦言，其实最开始的时候她也有一点担心，担心这些中国传统文化外国人听不明白，但后来她发现自己多虑了，因为翻译过去外宾总是特别喜欢。

"后来我觉得有一句话说得很对，民族的就是世界的。这种中国传统文化的智慧，总是能够超越国界，超越时空，在国际社会上引起共鸣。"她说。

周宇指出，除了引经据典外，习近平说话也特别接地气。

周宇说，习近平就是凭借着这样的外交风格，在国际社会上的人缘越来越好，现在越来越多的人喜欢找他聊天，比如一些元首云集的国际场合，经常会发现有不少人排着队等着和习近平聊上几句。

因工作关系，周宇也经历了一些中国和世界关系发生历史性变化的时刻。

在瑞士达沃斯世界经济论坛年会上，习近平在演讲里用了一个比喻，他说："搞保护主义如同把自己关进黑屋子，看似躲过了风吹雨打，但也隔绝了阳光和空气"。那次主旨演讲之后，习近平会见的第一个外宾就是国际奥委会主席巴赫，巴赫那天看到习近平说的第一句话就是："您的到来让我这间会客室充满了阳光。"

当天所有活动结束后，周宇回到瑞士宾馆的房间，打开电视，发现所有国际媒体都在关注习近平的那篇主旨演讲，国际舆论也是好评如潮。她说："那一刻我深深感觉到，对于中国的国际话语权来说是具有历史意义的。"

在"一带一路"国际合作高峰论坛上，世界经济论坛主席施瓦布在开幕式之前专程找到习近平说："您在达沃斯的演讲是历史性的，但是我相信今天的这个论坛会和那次演讲一样,成为另外一个重要的历史坐标。”

周宇说:“中国特色的大国外交就是这样一步一步地走进了新时代,我们的祖国就是伴随着这样一个又一个历史坐标,慢慢地走近了世界舞台的中央。”

## G20 峰会　举世瞩目

世界瞩目的二十国集团(G20)领导人第十一次峰会,于 2016 年 9 月初在中国杭州举行。这次杭州峰会,是中国近年来主办的级别最高、规模最大、影响最深远的多边经济会议。会议主题为“构建创新、活力、联动、包容的世界经济”。这四个词的英文分别是创新(Innovative)、活力(Invigorated)、联动(Interconnected)、包容(Inclusive),组成 4 个“I”。

**中国进一步扩大国际影响力**　G20 杭州峰会期间,中国领导人与世界主要大国领导人频频会面,除了就世界经济发展等议题展开交流,中美、中俄、中欧等领导人还围绕当今世界重大问题进行深入磋商。

159

从中美领导人夜游西湖，到公布 35 项主要共识和成果清单就能看出，中国在这次主场外交中收获不少。

除了这些彰显国际地位和领导力的"成果清单"，中国还在峰会期间与各个国家就区域合作、重大问题提出倡议和举措。它们不但体现中国在全球治理中的担当，更进一步提升了中国的影响力。

**为世界经济开药方，增强中国话语权**　近年来，中国已经先后推出"一带一路"等重要发展倡议，对世界经济增长的拉动作用日益凸显。随着中国在国际金融机构股权、人民币加入 SDR 等方面取得重大突破，中国在国际规则方面的话语权也在不断提升。杭州峰会的主场优势，显然在助推中国进一步参与国际规则的制定，让中国智慧、中国方案得到越来越多的尊重。

**给世界吃下定心丸**　随着中国经济发展进入新常态，很多人对中国经济提出"三问"：能否实现持续稳定增长？能否把改革开放推进下去？能否避免陷入"中等收入陷阱"？还有人自问自答，给出"中国经济崩溃论"的结论。

对此，我们斩钉截铁地回应，我们有信心、有能力保持经济中高速增长，继续在实现自身发展的同时为世界带来更多发展机遇。

这一权威表态，不仅将让不少人吃下定心丸，更能把信心传递出去，鼓励更多国家"勇做世界经济弄潮儿"，让那些整天试图泼中国冷水的人自讨没趣。

**展现中国义利观**　这次杭州峰会，中国邀请了埃及、塞内加尔、乍得、老挝、泰国等嘉宾国领导人与会。这些国家虽然政治、文化各异，但都有一个共同身份：发展中国家。

安排这么多发展中国家与发达国家交流对话，还发起支持非洲和最不发达国家工业化合作倡议，中国的良苦用心显而易见：抓住杭州 G20 契机，让发展中国家集体发声，争取更大权益。

**进一步推动"一带一路"建设**　这次峰会，不少参会国家都是

"一带一路"的合作伙伴,在双边交谈中对"一带一路"都极为热心。

通过 G20 峰会这个大舞台,中方倡导的"一带一路"不仅进一步提升"知名度",还将吸引更多国家参与其中,为中国及沿线国家带来众多"红利"。

**G20 杭州峰会文艺演出:"最忆是杭州"**

**增强中国金融治理能力**　2008 年的国际金融危机席卷全球,让人记忆犹新。

对中国而言,随着人民币加入 SDR,亚投行、金砖银行蓬勃发展,显示着中国对参与国际金融治理的热心与信心。

**反对贸易保护主义**　G20 杭州峰会再次重申:反对保护主义,构建开放型世界经济。这种重申,不是清谈。G20 杭州峰会制定了《二十国集团全球贸易增长战略》和全球首个多边投资规则框架《二十国集团全球投资指导原则》。这两个文件的核心,就是继续支持多边贸易体制。

**加强反腐败国际合作,腐败分子无处藏身**　反腐是一项世界性工作,需要各国通力合作。G20 杭州峰会就继续深化反腐朽合作达

161

成多项共识，决心让腐朽分子在二十国乃至全球更大范围无处藏身、无所遁形。在如此重要的国际场合，中国倡导建立反腐共识，这充分显示出中国反腐朽、追逃追赃的坚定决心。而反腐大网进一步遍及全球，更是让很多中国老百姓高兴和提气。

**推进全球气候治理**　人类只有一个地球。在 G20 杭州峰会上，各成员同意在落实气候变化《巴黎协定》方面发挥表率作用，推动《巴黎协定》尽早生效。这件事同样跟中国老百姓息息相关。更多的蓝天，更清新的空气，将出现在更多的中国人的日常生活中。

**展现中国文化软实力**　西湖美景、杭州美食、经典的越剧唱段、漂亮的中国服饰，随处可见的中国特色和杭州元素展现着中国文化的软实力，让参加 G20 杭州峰会的各国政要、企业家和记者深深地感受到中国文化的魅力。不少参会者坦言：中国太棒了！杭州太棒了！大国崛起，离不开软实力。本次 G20 杭州峰会上，中国作为东道主，不怯场、有自信，用文化征服各方"宾客"，展现了中国力量和文化自信，让世界惊艳，实为峰会中的一大收获。

## 阅读指导

　　文明是多彩的，人类文明因多样才有交流互鉴的价值；文明是平等的，人类文明因平等才有交流互鉴的前提；文明是包容的，人类文明因包容才有交流互鉴的动力。秉持包容精神，就不存在什么"文明冲突"，就可以实现文明和谐。这就是中国人常说的："萝卜青菜，各有所爱。"

　　中国贡献给世界的不仅仅是各种商品，更多体现在我们是人类文明的重要组成部分。事实上，中国的悠久历史和灿烂文化也使得我们具备这样的条件。中国的成功意味着文明应该而且可以多样性，而中国文明观在政治方面表达的，就是发展道路和模式的多样性。

中国这只睡醒了的善良狮子，作为全球不容忽视的力量，正在并将继续为世界的和平发展带来强大的正能量。

"国不以利为利，以义为利也。"中国坚持正确义利观，有原则、讲情谊、讲道义，多向发展中国家提供力所能及的帮助。在需要的时候，我们还要重义让利，甚至舍利取义。正确义利观，已成中国外交的一面旗帜，必将对中国与非洲、中国与其他发展中国家的关系发展产生深远影响。

中美双方同意共同努力构建中美新型大国关系，其内涵是"不冲突、不对抗""相互尊重""合作共赢"。

作为世界上最大的发展中国家和最大的发达国家，中美如何相处，避免掉入"修昔底德陷阱"，不仅关乎双边，更关乎全人类；走出一条新型大国关系之路，是中美两国的必然选择。

### 思考与行动

1. 下面这位可爱的非洲少年正在看着我们。他的微笑，他的眼神，他的坐姿，都让我们感到十分愉悦。

请你草拟一份电子邮件给这位少年，与他交流，共享愉悦之情。

163

2. **修昔底德陷阱**　公元前 5 世纪,雅典迅速崛起,震惊了当时陆地霸主斯巴达。双方之间的威胁和反威胁引发战争,在长达 30 年的战争结束后,两国都被毁灭。

对此,古希腊著名历史学家修昔底德认为,"使得战争无可避免的原因是雅典日益壮大的力量,还有这种力量在斯巴达所造成的恐惧"。翻译成当代语言,就是:一个新崛起的大国必然要挑战现存大国,而现存大国也必然来回应这种威胁,这样战争变得不可避免。

请思考:中美两国如何相处,才能避免掉入"修昔底德陷阱"?

奋斗篇

# 新时代

# 新征程

大道之行，天下为公。站立在九百六十多万平方公里的广袤土地上，吸吮着五千多年中华民族漫长奋斗积累的文化养分，拥有十三亿多中国人民聚合的磅礴之力，我们走中国特色社会主义道路，具有无比广阔的时代舞台，具有无比深厚的历史底蕴，具有无比强大的前进定力。

# 第一章
## 走进新时代

> 中国特色社会主义进入新时代，我国社会主要矛盾已经转化为人民日益增长的美好生活需要和不平衡不充分的发展之间的矛盾。
>
> ——习近平

## 第一节　伟大道路　雄伟行动

### 中国故事

### 他无时无刻不在拼命

他放弃高薪回国，造出震惊世界的"天眼"，却永远闭上了自己的双眼……

照片上的人，面容沧桑，皮肤黝黑，如果初次见面，大概每个人都会觉得他是个农民，就连他自己都自称是农民。

可是你知道吗？就是这位"农民"，带领团队，造出了一口目前世界最牛的"大锅"——"天眼"，震惊了全世界！

"天眼"，到底有多牛？它是我国自

南仁东

主知识产权,大国重器,苍穹之眼,是世界上最大、最灵敏的单口径射电望远镜! 比德国波恩 100 米口径的望远镜灵敏度高 10 倍;比美国阿雷西博 350 米口径的望远镜综合性高 10 倍;它一开机,就能收到 1351 光年外的脉冲信号,未来可用于捕捉外星生命信号!

20 世纪 90 年代中期,他毅然舍弃高薪,决定回国就任中国科学院北京天文台副台长。而那时他一年的收入,只等于他国外一天的工资。

许多人都说他傻,可他自己心里明白,科学没有国界,但科学家有祖国!

1993 年,日本东京,国际无线电科学联盟大会正在进行,一些发达国家的科学家,都希望在全球电波环境恶化到不可收拾前,能建造出新一代的射电"大望远镜",以接收更多来自外太空的讯息。代表中国参会的他激动地对身边的同事说:"咱们也建一个吧!"

就是他这一句话,便开启了一段 22 年仰望星空的艰辛奋斗!

于是他带着咸菜,扛起锄头,这个曾经深爱西装的海外归国科学家,变成了地地道道的中国"农民",带着 300 多幅卫星遥感图,跑遍全国各地,什么荒郊野外都去过,在祖国西南的一座座大山里冲锋! 山险路难,很多地方,连当地老农都不敢走,他却从不回头,从 1994 年到 2005 年,为了最好的地址,他就在祖国各地的奔波中,度过了 11 年!

他无时无刻不在拼命。他为自己的这个项目起名叫"FAST",就是希望项目尽快完成。为了项目材料尽快审批成功,他逐字逐句推敲,几乎每天都干到凌晨。他满中国地跑,没经费就自己掏钱买火车票,一家挨一家地谈,在他的努力下,在最后立项申请书上,多出了二十多个合作单位的名字。

就这样，他一个科学家，又被立项逼成了推销员，那几年里，无论大会小会、国内国外，他逢人就推销自己的大望远镜项目。他曾自嘲道："我开始拍全世界的马屁，让全世界来支持我们。"

2007年，国家终于批复立项申请；2011年，村民搬迁安置完毕，他心心念念的FAST项目终于动工了！

他是FAST项目首席科学家兼总工程师，本可以遥控指挥，却偏偏事事都要亲力亲为。亲自参与工程的每一个部分，因为来之不易，他要求就是要做到：尽善尽美。整个工程中，他既能上钢架去拧螺丝，也能用扁铲去削平钢材，还能在高空梁山上打孔套丝，更能看试播器调整设备……

他身边的同事都说：专业有专攻，在这个项目里，我们要么不懂天文，要么不懂无线电，要么不懂金属工艺，要么不会画图，要么不懂力学，这几条能做到一条就算不错了，可他偏偏几乎都懂。

他却说："我谈不上有高尚的追求，没有特别多的理想，大部分时间是不得不做。人总得有个面子吧，你往办公室一摊，什么也不做，那不是个事。我特别怕亏欠别人，国家投了那么多钱，国际上又有人说你在吹牛皮，我就得负点责任。"

苍天有眼，他坚守初心，仰望苍穹，22年如一日地坚持着。尽管项目需要2亿美金，尽管困难重重，可在他二十几年"太过努力"的付出之后，2016年9月25日，中国的天眼——FAST项目，终于完工！

消息一出，全中国都沸腾了！习近平总书记发来贺信，表示热烈祝贺和诚挚问候。全世界也轰动了！英国媒体报道："中国的巨型射电望远镜，是其远大科学雄心的象征。"其他外国媒体说："中国也终于进入观天时代，它将持续领先世界二十年。"

169

古有十年磨一剑，今有二十年"铸天眼"。他用 20 多年，就只干了一件事：那就是，天眼！他带领老中青三代科技工作者，克服了难以想象的困难，实现了由跟踪模仿到集成创新的跨越。

中国的天眼，FAST 项目

就在天眼投入运行还不到一年的时间，2017 年 9 月 15 日 23 点，由于肺癌病情恶化，他永远告别了这个世界，享年 72 岁。

他报效祖国，无私奉献，心里也没有渴求过能有多少人知道他、记得他。正是有像他这样仰望星空的奋斗者，我们的民族才能有希望。

他永远闭上了眼睛，却为祖国，为人类，打开了另一只天眼。

请我们每位中国人，都记住这一位英雄的名字：南仁东！

## 他让每个员工都当"老板"

1987 年，43 岁的任正非创办华为，迄今已 30 年，他创造了全球企业都未曾有的骄人历史。华为拥有独特的企业文化,成为中国民营企业的标杆。华为还是西方害怕的"最神秘的中国企业",一些国家大规模对华进行网络攻击的企业对象就是华为。

华为是世界500强中唯一没有上市的企业。华为有15万名员工,其中有7万名把自己当老板。公司把98.6%的股权开放给员工,创办人任正非只拥有公司1.4%的股权。除了不能表决、出售拥有的股权之外,股东们可以享受分红与股票增值的利润,并且,每年所赚取的净利,几乎是百分之百分配给股东。

2010年,华为净利达到有史以来最高的人民币238亿,配出了一股人民币2.98元的股息。若以一名在华为工作10年、绩效优良的资深主管为例,他的配股可达40万股,而他在该年光是股利就将获得人民币近120万。

当过兵的任正非,一概谢绝现身媒体盛事,一直保持低调,避开喧嚣,远离闹市。任正非出身贫苦,更懂得有福共享,有难同当的道理,他秉承共同富裕的目标,让参与合作创业群体里的每个成员都能当老板,事业成功,每个人都富裕起来。

经济学称这种模式为"职工持股",通过职工持股,使职工与公司形成财产关联,结成利益共同体,其效果是:增强职工对公司资产的关切度,提高公司内部的凝聚力,调动职工对公司发展的关心,激励职工参与公司管理的积极性,加强员工对公司经营活动的监督,从而确保公司在研发、生产和经营中形成高效率的经济活动。这就是决定华为超速壮大的内在基因。

显而易见,公司领导和员工构建成为利益共同体,这样的资产所有制和利益分配模式是十分理想的经济制度,最能激励每个成员为共同事业奋不顾身去出力,事业必然越办越兴旺!

"要活，大家一起活!"

　　除此之外，华为的企业文化特质是："以客户为中心"服务到家，"你们脑袋要对着客户，屁股要对着领导"，"不靠政府，不靠银行，客户才是我们的衣食父母"。华为把客户也当成其生命共同体。

## 它把圣诞礼物送到欧洲

　　"中国圣诞礼物送到欧洲"，经过1.3万公里，3个星期的长途跋涉，从中国浙江义乌出发的铁路货运列车，抵达西班牙首都马德里。它途经哈萨克斯坦、俄罗斯、白俄罗斯、波兰、德国、法国等8个国家，这是世界上最长的铁路货运线路，也是途经国家最多的线路。

　　"义新欧"（即义乌－新疆－欧洲）线路，提供了一条连接马德里与世界最大批发市场的直接通道，谱写了中西贸易关系和合作的新篇章。马德里市长代表西班牙乃至欧洲对这趟列车表示关注，说：这一线路的连通，成为"铁路的一大历史性里程碑"。

中国"义新欧"火车班列

这趟列车有 40 节集装箱车厢,运往西班牙的主要货物是各种圣诞节用品,包括儿童玩具及小器械工具等。列车返回义乌时则将运回西班牙等欧洲国家的红酒、橄榄油及火腿等货物,丰富中国春节市场的供应。

不少欧洲媒体认为,对于疲弱的欧洲经济来说,这趟装载着圣诞礼物的列车本身就是"圣诞礼物"。这条中西之间的新"丝绸之路",不仅缩短了双方货物运输的时间,同时使两国之间多了一条陆路运输的途径。西班牙商家"乐意看见多几条这样的线路,多几趟这样的列车,随着列车的轰鸣,把西班牙的经济带上飞速复苏的时间段"。

看着载满货物的"义新欧"班列缓缓开进车站,在马德里经营百货业的华商何先生一脸兴奋,来自浙江的他说,看到家乡来的列车非常高兴,义乌是世界小商品之都,新品种层出不穷。以前走海运至少要耗费数月甚至半年时间,陆运无疑是给了我们更强的竞争力。他说:"中国的新产品一上市,就可以在 40 天左右进入西班牙和欧洲市场。中欧铁路运输实在是太给力了。"

173

这条铁路对义乌来说打开了中国到欧洲的陆上大通道，打破了中国小商品依赖海运的出口运输方式。这趟"义新欧"列车全程只要 21 天，未来正常化运营后，每月运行两班往返货车，最快只需18 天。

## 他是雕刻火药的"大国工匠"

在 2015 年"九三"大阅兵上，新一代预警机、舰载机、战略核导弹等一批国产武器装备精彩亮相，震撼人心。它们不仅是捍卫国家安全和民族尊严的利器，更是中国工业制造实力的象征。而在这些国之重器的背后，是一群默默无闻的军工匠人，他们胆量超人，甘于寂寞，坚守在偏僻的军工厂，只为心中的报国梦。

**刀剑在火药上飞舞**　固体燃料发动机是战略战术导弹装备的心脏，是发射载人飞船火箭的关键部件。在上千道的制造工序中，发动机固体燃料微整形极为关键。雕刻固体燃料，就是在火药上动刀，稍有不慎蹭出火花，就会引起燃烧甚至爆炸。2016 年感动中国人物徐立平，就是这样天天与火药打交道的人。

**差之毫厘必将酿成大患**　0.5 毫米，这是固体发动机药面精度的最大误差，而徐立平雕刻的精度不超过 0.2 毫米，还没有两张 A4 纸厚，堪称完美。药面精度是否贴合设计形状和尺寸，直接决定导弹能否在预定轨道达到精准射程。

由于火药有强韧性，再加上含有粗糙的颗粒，用刀的力道很难把握。一刀切下去，药面很难保持平整，火药整形不可逆，一旦切多或者留下刀痕，药面精度与设计不符，发动机点火之后，火药不能按照预定走向燃烧，发动机就很可能偏离轨道，甚至爆炸。

工作中的徐立平

　　而雕刻火药最大的难点还不只这些，徐立平说，在雕刻过程中，瞬间的摩擦如果过大会引燃火药并发生爆炸，这一过程快到根本就没法去反应，跑都来不及。

　　**世界难题唯有人工解决**　　目前，火药整形无法完全用机械来代替手工操作，这在世界上都是一个难题。火药的威力不允许整形师出现任何纰漏，药面平不平，一刀下去切多少，都要依靠工人师傅自己的判断。

　　而徐立平仅仅用手摸一次，就能雕刻出设计要求的药面，这样的绝活儿让他的师傅都望尘莫及。

　　**意外事故造成火药毒性发作**　　一台即将试车的发动机火药出现裂纹，为了不影响后续的研制进度，同时为不可逆的发动机装药探索补救方式，专家组决定，首次探索就地挖药。这就意味着，整形师要钻进翻个身都很难的发动机的狭小的药柱里，一点一点挖开填注好的火药，寻找问题部位。

　　工作不到三年的徐立平，凭着精湛的技术和胆量，和师傅们一起加入了挖药突击队。挖药，意味着如果整形刀挖得不好，摩擦过度或者碰到哪个地方产生火花发生燃烧事故，完全没有逃脱的机会。徐立平回忆，当时除了铲药的沙沙声，都能听见自己的心跳声。

历经了两个多月的艰难挖药,发动机故障成功排除,他们为国家重点型号发动机研制争取了宝贵时间。但长时间在密闭空间里接触火药,导致火药毒性发作,徐立平行走能力受到了影响。

这次意外事故,让他对火药整形的危险有了更深的认识,也让他有了设计更便捷的刀具、提高挖药效率的想法。如今,徐立平发明设计的发动机药面整形刀具已经有二十多种,其中有两种获得国家专利,一种还被单位命名为"立平刀"。

## 阅读指导

中国特色社会主义道路:就是在中国共产党领导下,立足基本国情,以经济建设为中心,坚持四项基本原则,坚持改革开放,解放和发展社会生产力,建设社会主义市场经济、社会主义民主政治、社会主义先进文化、社会主义和谐社会、社会主义生态文明,促进人的全面发展,逐步实现全体人民共同富裕,建设富强民主文明和谐的社会主义现代化国家。

中国特色社会主义道路,有以下几个方面内容:

把"改变世界",使"世界革命化"视为根本任务;

认为社会主义的本质是解放生产力,发展生产力,消灭剥削,消除两极分化,最终达到共同富裕,而绝非贫穷、平均主义和两极分化;

以人民为物质实现的力量源泉,以工人阶级为其阶级基础,以无产阶级政党为领导者;

最终目标是实现共产主义,形成以每个人的自由发展是一切人的自由发展条件的"自由人的联合体";

认为社会主义是一个不断发展变化、不断完善的社会,而绝非一成不变;

追求社会的公平与正义,追求民主与法制。

### 思考与行动

1. 南仁东,这个名字你记住了吗?请叙述他的故事,并谈谈你的感触。

2. 有人说:"今天个人致富,只有到好的公司,如华为。"请你对这句话进行评价。

# 第二节　让人民生活更加美好

## 美丽乡村的魅力

朱兴珍家,今年没有评上"美丽家庭五美户",只评到了"四美",这让她有点遗憾。她说,平时她家里打扫得很干净,可是由于工作忙,庭院里打扫得不太干净,因此丢了分,只能评上"四美户"。对照标准,认识到自己的差距后,第二天一大早朱兴珍便和丈夫一起,把庭院打扫得干干净净、收拾得井井有条,她说,"以后我不光把家里收拾干净,也要把房前屋后打扫干净,争取年底评上'五美户'。"

美丽乡村

通过"美丽家庭"的创建，从家庭走向社区，从小家走向大家，将文明新风传递到全社会。据介绍，创建"美丽家庭"不是目的，而是过程，是要通过提高创建的知晓率和参与率，让每一户家庭每天都有进步，最终收获美丽，收获幸福。

如今，谋发展、搞绿化、重环保、讲卫生等成为群众的自觉行为，读书看报、练书画、打篮球、跳广场舞等活动走进了寻常百姓家，读书看报的多了，打牌赌博的少了；种草养花的多了，乱扔垃圾的少了；孝敬老人的多了，家庭矛盾少了；争先发展的多了，懒惰怕吃苦的少了……村村绿树亭台相互辉映，漂亮住宅整齐亮丽，平坦的水泥路贯通全境，处处百花竞放争奇斗艳。文化广场上，人们散步、跳舞、嬉戏……无不展示着美丽乡村的独特魅力。

## 现代城市的幸福

幸福是靠奋斗创造出来的，城市的变化是巨大的，如今在城市生活越来越便捷，越来越幸福。以南京市为例：

**幸福之一：河水不臭了** 根据相关部门调查，全市原有 150 条黑臭水体。2016 年实际完成整治 41 条，2017 年整治 109 条，基本涵盖了全市所有黑臭河道。

目前全市的 821 条河道、251 座水库和 10 座湖泊，都明确了区、镇街、村级河长，实现了全市水体"河长制"全覆盖，共有河长 3 309 名。

**幸福之二：看病更方便了** 作为全国医改标杆，南京市推行的医联体已经实现全覆盖，大小医院"结对"出 48 个医联体，到今天共下派医护人员 806 人，在基层累计工作 1.9 万多天，为基层医疗机构援建特色专科 120 多个。全市家庭医生签约 799 489 户，签约 1 913 404 人。

**幸福之三：出行更方便了** 蓝、红、绿、紫、香槟、宝石绿、橘黄……这些词不仅仅表示颜色，它们还代表了都市人每天早晚通勤最不愿错过的一趟趟地铁。截至 2017 年 12 月 31 日全城地铁线网增至 9 条，共计 347 公里、164 座车站。还有 7 号线、6 号线、5 号线等多条在建、待建线路。

区区通地铁，市域地铁与市郊地铁并行，居民可以乘着地铁游遍全城。

**玄武湖美景**

**幸福之四：城市更绿了** 街头巷尾的绿雕、小区绿化增加、楼顶开辟"空中花园"……绿色越来越多，小区的环境综合整治，也开始注重绿化给居民带来的舒适感。美丽城市，处处是景！

近年来，全市共建设 30 多组街头绿雕，而绿雕的"着装"，也从过去单一使用五色草，发展为以五色草和佛甲草为主。绿雕不仅提升了城市的景观环境，也让市民更加感受到现代城市的绿化之美。

# 走进互联网时代

在一分钟的时间里，中国互联网上会发生什么？一家大数据公司很有趣地诠释了中国互联网的体量：一分钟的时间里，滴滴打车上有 1 388 辆出租车、2 777 辆私家车被叫服务；微信上有 395 833 人登录，19 444 人进行视频或语音聊天；在淘宝和天猫上，774 个人下单完成了购买……

据统计，中国有接近 7 亿互联网用户，互联网也已深入各地区、各行业，涉及大家的衣食住行。如今，许多人只需带一部手机，动动手指，就可以满足生活中各式各样的需求，展现互联网的速度与便利。

**足不出户更省心**　互联网会给生活带来哪些便利？一位 28 岁的网络技术工作者，用他起床后的生活给出答案："早上我醒来后一般会躺在床上刷会儿手机，看看淘宝、京东有没有自己想买的东西，或把购物车里的商品逐一付款。洗漱前，我会在美团、饿了么上面找自己想吃的早餐，下单后他们很快就会送货上门。哦，对了，如果发现停水停电、手机话费不够的问题，我也可以在线缴费，及时解决。"

在"互联网＋"的作用下，许多线下服务可以通过线上的选择、预约，让网友们在家享受。比如通过美甲服务的客户端，网友可以选择美甲师上门做美甲；通过预约厨师的客户端，可以在家享受大厨上门烧制的一顿美餐。诸如此类的服务还有很多。

买飞机票、高铁票，预约医院就诊时间、博物馆参观时间……互联网的运用，为大家提供了众多不出门就可以办理的服务。

**到处只要"扫一扫"**　一位小伙子，在杭州待了 6 年，适应了移

181

动互联网发达的生活,他感觉自己如今已离不开手机了。前不久,他还带着朋友体验了一把无现金一日游。

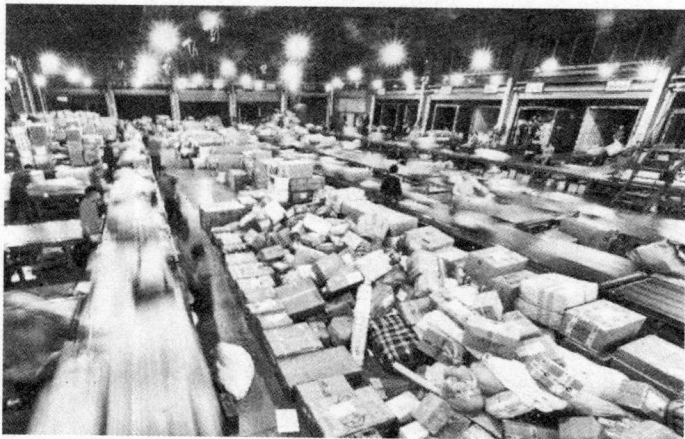

**飞速发展的中国快递业**

"我们俩身上一分钱都没有,只带着手机就出门了,到路边看到有人卖烧饼,我们俩就买了几个,即便是小小的摊子,他也有微信和支付宝各自的付款二维码。"去菜市场买菜,就算只买一根葱也可以"扫一扫"支付,省去了找零钱的麻烦。还有坐公交车、骑共享单车、理发,他们做什么付款都只需要"扫一扫",真的很方便。

**日常生活全覆盖**　王鑫是生活在浙江南部小城的一位公务员。每天早上,他都会乘坐公交车去上班。在过去,他总是碰上一出门公交车就刚刚开走,或者等了很久也不见车来的情况,但现在,他基本都能在公交车快到站时刚好站定就位。"我们通过软件,可以实时查看各路公交车的车辆行驶到哪个车站的附近,所以我只需要留出步行到车站的时间就可以了。再也不用在车站傻等了。"

这便是互联网"大数据"的力量。在交通方面,大数据还可以告诉出行者哪条路畅通、哪条路拥堵，避免大家浪费等待的时间；提供大家从起点到终点的出行方案，比如地铁、公交怎么坐，如何更省钱，等等。而找停车位、网约车，这些也都可以通过大数据来解决。

除了交通方面，大数据在生活中的运用还有很多。比如运动软件可以记录每天运动的时间、项目、燃烧的脂肪量，数据汇总后系统会自动判断生成运动方案，便于人们更合理地健身；还有像物流数据的发布，可以让用户了解自己的快递已经处于什么位置、什么时间可以送货上门、快递员的电话多少，让自己做到"心中有数"。

## 阅读指导

我们的人民热爱生活，期盼有更好的教育、更稳定的工作、更满意的收入、更可靠的社会保障、更高水平的医疗卫生服务、更舒适的居住条件、更优美的环境，期盼孩子们能成长得更好、工作得更好、生活得更好。人民对美好生活的向往，就是我们的奋斗目标。

不断改善民生是推动发展的根本目的。我们的发展是以人为本的发展。我们要全面建成小康社会、进行改革开放和社会主义现代化建设，就是要通过发展社会生产力，满足人民日益增长的物质文化需要，促进人的全面发展。如果我们的发展不能回应人民的期待，不能让群众得到看得见、摸得着的实惠，不能实现好、维护好、发展好最广大人民的根本利益，这样的发展就失去意义，也不可能持续。

要立足社会主义初级阶段这个最大国情。我国仍处于并将长期处于社会主义初级阶段，改善民生不能脱离这个最大的实际，提出过高的目标,只能根据经济发展和财力状况逐步提高人民生活水平。否则,结果只会适得其反。拉美、中东以及一些欧洲国家的教训表明,不切实际的高承诺、高福利、高债务,要么是失信于民、政府垮台,要么是债务累累、财政危机。这值得我们警惕。

要格外关注困难群众。郑板桥有一首诗写道:"衙斋卧听萧萧竹,疑是民间疾苦声。些小吾曹州县吏,一枝一叶总关情。"我们共产党人对人民群众的疾苦更要有这样的情怀。现在,我国大部分群众生活水平有了很大提高,同时由于我们国家地域辽阔、各地发展条件不同,我国还有为数不少的困难群众。对各类困难群众,要格外关注、格外关爱、格外关心,时刻把他们的安危冷暖放在心上,关心他们的疾苦,千方百计帮助他们排忧解难。

## 思考与行动

1. 与你的父母、爷爷奶奶,或者同学们一起讨论:现在生活幸福吗?

2. "衙斋卧听萧萧竹,疑是民间疾苦声。些小吾曹州县吏,一枝一叶总关情。"请依据你所知道的或经历的事实,解读郑板桥这首诗的现实意义。

# 第二章
# 踏上新征程

这个新时代，是承前启后、继往开来、在新的历史条件下继续夺取中国特色社会主义伟大胜利的时代，是决胜全面建成小康社会、进而全面建设社会主义现代化强国的时代，是全国各族人民团结奋斗、不断创造美好生活、逐步实现全体人民共同富裕的时代，是全体中华儿女勠力同心、奋力实现中华民族伟大复兴中国梦的时代，是我国日益走近世界舞台中央、不断为人类作出更大贡献的时代。

——习近平

## 第一节　决胜小康　奔向强国

中国故事

### "脱贫致富一个都不能少"

大兴安岭南麓28个贫困县，大家一条心，想办法，一起脱贫致富，走上共同富裕的道路。

孙广权做梦也没想到，小小的榛子，不仅让他摆脱了贫困的帽子，还让他住上了新房子。这事儿，还得从六年前说起——

那时,孙广权是八一村有名的"贫穷户",小时候因为脚伤留下了终身残疾,他的劳动能力受到了影响,一家三口仅靠种地为生,年收入不到万元,日子过得十分拮据。

2009 年村里引进了大榛子种植项目,优先扶持贫困户,孙广权也第一次接触上了榛子种植。春去秋来,小苗成树,榛子挂果,孙广权的日子一点点有了起色。随着榛子树渐渐进入旺果期,孙广权也进入了收获的季节。一棵树一年就能带来不低于 50 元的收入,再加上卖树苗,到 2013 年,靠着 300 多棵榛子树赚的钱,孙广权终于盖上了新房,圆了自己多年的梦想。

在孙广权所在的八一村,政府投入 215 万元扶贫资金,为 181 户农户发放大榛子苗木 5 万株,并铺设农田路、安装铁栅栏,农道桥、灌溉机井、看护房一应俱全。几年间,全村 80 户贫困户,已有 60 余户脱贫。

类似八一村这样上百万元的扶贫大项目,在全省数不胜数,构成了"十二五"期间该省扶贫开发的巨大亮点。

## 让中国照明器件亮满世界

一件深蓝色西装,黝黑的圆脸上架着一副金边眼镜,相比很多"海归"的"洋气",从晶能光电(江西)有限公司首席技术官赵汉民身上,人们感受到的更多的是淡定和朴实。

在为成功入选第九批国家"千人计划"高兴的同时,赵汉民也意识到肩上的担子更重了,实现梦想的脚步要加快了。

2012 年 6 月,赵汉民辞掉美国的工作,正式加盟晶能光电(江西)有限公司,出任首席技术官。"让中国 LED 照明器件亮满世界"的梦想就是那时产生的。"目前,全世界 90% 的鞋子和玩具都是中国生产的。我希望在不久的将来,持有自主研发技术的中国LED照明器件,也能够占领世界市场的80%~90%。让全世界看到,中国不只能做代工,也有自己的尖端技术,并能借此实现更快发展。"

**乡村老人忙健身**

一颗滚烫的爱国心,是促使赵汉民回到祖国的主要原因之一。"对我们这些离家多年的人来说,爱国不是一句空洞的口号,而是用自己学到的东西,回来为祖国做些什么。"于是,这个在美国生活了 24 年的河北男人,怀揣报国梦想和满腹知识回到了祖国。

LED 是一种新型的绿色光源产品。在全球能源短缺的大背景下,LED 在照明上的应用正在吸引着世人的目光,有专家预言:21世纪将进入以 LED 为代表的新型照明光源时代。

在我国,LED 目前主要应用于显示屏方面,照明领域的应用尚在初级阶段。但赵汉民坚信,LED 照明得到大规模应用的中心会是在中国。"等我老了,看到中国的马路边、家家户户用的都是

LED灯具,我会觉得特别自豪。"憧憬里,赵汉民的嘴角露出开心的笑容。

为了实现这个目标,赵汉民成了名副其实的"空中飞人"——平均每两个月从太平洋上空往返一次,帮公司联系在美业务,看看妻子和一双子女。

在他的"牵线搭桥"下,又有4名海外人才陆续加入晶能光电,数位外国专家为公司当起了技术顾问。

晶能光电(江西)有限公司的生产车间

最重要的技术研究当然也没落下。近年来,赵汉民带领晶能光电研发团队,用国际化的创新思维,不断提升硅衬底LED的技术水平和产品性能,取得了一系列新的技术突破。目前,晶能光电是全球第一家也是目前唯一一家专业从事硅衬底LED外延材料与器件研究生产的高科技企业。

## 老兵的深海创业梦

水下油气生产系统,听起来这个领域离普通人的生活很遥远,但在海洋资源开发中，它绝对是不可或缺的核心竞争力。2013 年 5 月，我国自主研发的第一颗水下采油树在南海成功下水——这意味着我国从此打破了国际技术垄断，拥有了自主制造水下采油树的能力。而这颗采油树，就来自上海的一家民营企业——美钻能源科技（上海）有限公司。

美钻是一家有些"特殊"的民企，一千多人的企业中，有 100 多人是退伍老兵，其中绝大部分是属于潜艇部队的复转军人，这些人都是企业的核心和骨干力量。

说起美钻创立的初衷，同样是军人出身的美钻副总裁有着深刻的感悟。除了美钻在水下钻采方面积累的人才、技术优势之外，其实还有着更深层次的原因。多年以来，海洋石油的钻采设备一直是被美国的三家公司所控制和垄断。中国是一个海洋大国，如果长期依赖于美国这几家公司，一旦产生纠纷或者出现变故，其损失不可估量。

军人的使命感，从未在美钻人的心头抹去。曾经的潜艇兵，如今的创业者，都一直把"国家利益"放在心头。

目前，美钻的项目已经遍布全世界 70 多个国家和地区。美钻近些年来的发展，其实是与国家的"一带一路"建设非常契合的。从近些年来的研发、制造和销售轨迹来看，美钻和国家的"一带一路"倡议紧密相符。比如中亚地区都有美钻的销售业绩，伊朗、伊拉克、叙利亚，直到中东；从海上这一条线说，在印度尼西亚、马来西亚、越南、泰国都有销售业绩。

乘着"一带一路"的东风，大到政策支持，小到资金补贴，美钻迎来了全新的发展机遇。在北京双创周活动期间，国务院总理李克强来到美钻公司展区，对企业的创业、创新精神给予了充分肯定，同时也希望美钻公司对国家深海能源开采作出更多的贡献。

189

美钻生产的水下采油树正在进行下放作业

"过去勇当卫国尖兵,现在争做强国先锋",美钻人提出了这样的口号。未来,美钻将在油田建设工程服务一体化方面发力,参与"一带一路"建设同时,也将努力研发技术,塑造品牌,让"中国制造"真正变为"中国应用"。

## 勇做地球卫士

1962年9月,369名平均年龄不到24岁的创业者,肩负"为北京阻沙源、为京津涵水源"的神圣使命,从全国18个省(市)集结上坝,开始了艰苦卓绝的高寒沙地造林。

恶劣的生存环境,是创业者要攻克的第一道难关。塞罕坝冬季漫长,年均积雪长达7个月,极端最低气温零下43.3摄氏度,加上偏远闭塞、物资匮乏,生活条件极其艰苦。考验,一个接着一个。由于缺乏在高寒地区造林的经验,头两年人们满怀希望种下的2 000多亩落叶松,成活率还不到 8％。超出想象的困难和挫折一度冷冻了人们的笑声和激情。

党交给的任务还没有完成,坚决不能退缩和放弃! 关键时刻,首任场领导班子成员带头把家从承德、北京等城市搬到了塞罕坝,以示决心。在他们的带领下,林场技术攻关组改进了"水土不服"的外国造林机械,改变了传统的遮阴育苗法,大大提高了造林成活率,让信心和希望在荒原上重新燃起。

就这样,他们克服了一个又一个困难,连续奋斗 55 年,终于创造了荒原变林海的人间奇迹,使得在自然状态下,至少需要上百年才能修复的塞罕坝生态,重现盎然生机。如今,林场造林面积达到了 112 万亩,成为世界上面积最大的人工林场,如果把这里的树按一米的株距排开,可以绕地球赤道 12 圈。

2017 年 12 月,河北塞罕坝林场建设者荣获联合国环保最高奖项"地球卫士奖",在"地球卫士奖"全部 6 个奖项中,来自中国的机构与个人获得了 3 个奖项。

73 岁的塞罕坝林场退休职工陈彦娴,是林场第一批建设者中的一员,是前来领奖的三位林场代表之一。她说:"我代表三代塞罕坝人来领奖,激动的心情是无法用语言来描述的。在今天的中国,绿水青山就是金山银山这一重要理念,家喻户晓,它通俗而深刻地讲清了人与自然的关系,而塞罕坝的故事印证的也正是这样一个绿色道理。还有许多像塞罕坝一样的绿色奇迹,正在让古老的中国更加生机盎然。"

在会场内,当中国的环保成就被一次又一次提及,现场响起热烈的掌声、欢呼声。这是联合国和世界对中国绿色发展理念、中国生态文明建设和塞罕坝精神的高度肯定。来自全球各国的专家学者纷纷表示:"中国展现了环保领域的全球领导力。"

今日塞罕坝

阅读指导

　　经过近 40 年的改革开放,我国的经济社会面貌发生了根本性的变化,取得了巨大成效,中国已经从一个相对贫穷落后的国家,变成了一个相对富裕的国家。GDP 总量位居世界第二,从 1978 年的 3 000 多亿美元,增长到 2016 年的 11 万亿美元左右。

　　目前,我国是全球第二大经济体,世界第一制造大国和货物贸易大国、第一外汇储备大国,是全球经济增长的最大贡献者。

　　我国科技实力日益强大,高性能计算机、载人航天、探月工程、量子通信、北斗导航、载人深潜等尖端成就相继问世,高铁走向世界,自行研制的大飞机首飞成功。

　　我们的朋友圈越来越大,倡导的亚投行已批准成员达80个,发起的"一带一路"倡议有100多个国家、地区和国际组织积极参与。G20峰会、"一带一路"国际合作高峰论坛相继取得圆满成功。中国倡议引领世界发展,为推动构建人类命运共同体注入强劲动力。

**奔驰的中国高铁列车**

　　在新时代,随着社会主要矛盾的转化,全面深化改革的议程也必须发生改变,我们的发展方略、政策选择、改革重点,更注重全面性、整体性和协调性发展;在经济发展的同时,更注重社会发展,着力解决发展的不平衡不充分问题。再用30多年的时间,实现社会主义社会的平衡发展和充分发展,实现"富强、民主、文明、和谐、美丽"的中国梦。

　　从全面建成小康社会到基本实现现代化,再到全面建成社会主义现代化强国,是新时代中国特色社会主义发展的战略安排。

我们将坚忍不拔、锲而不舍,奋力谱写社会主义现代化新征程的壮丽篇章。

思考与行动

1. 为什么说"小康不小康,关键看老乡"?

2. "我国社会主要矛盾已经转化为人民日益增长的美好生活需要和不平衡不充分的发展之间的矛盾。"请谈谈你对我国社会主要矛盾的理解。

# 第二节　青年强　国家强

中国故事

## 青春是用来奋斗的

在 2013 年获得"全国五一劳动奖章"的 1 224 人中,有一个 23 岁的小伙子特别显眼,他个子不高,有些腼腆,却是获此殊荣最年轻的模范代表,他就是来自中国石油天然气第一建设公司的工人,第 41 届世界技能大赛银牌得主,也是 60 年来在这一赛事获奖的第一位中国选手——裴先峰。

裴先峰凭借优异成绩,迈入中油一建的大门。刚进工地的裴先峰,一度跟不上工作进度,总是比别人慢一拍,配件成形也不够美观。于是,不服输的裴先峰开始苦练之路。11 月的庆阳飘起鹅毛大雪,同伴们空闲时纷纷跑进休息室里取暖,他却一头钻进焊房。恐高的他,一再克服心理障碍,背着焊接把线爬上爬下,顶着瑟瑟寒风,完成了一项又一项焊接任务。终于,在裴先峰的不懈努力下,他攻克了一个又一个技术难关。

"年轻人最关键的就是要坚定自己的理想信念,练就本领。"对于现在很多年轻人刚就业就会对企业要求更好的待遇的情况,裴先峰认为在这个时候不妨问问自己"能为企业做什么,能为别人做什么"。

2011 年 2 月,中石油集团公司推荐裴先峰参加培训,当他得知自己获得去伦敦的参赛资格时,他激动得不知所以。

裴先峰参加的第 41 届世界技能大赛,是中国优秀技能人才走上国际舞台展示精湛技能和职业风采的"首秀",也是中国职业培训

195

和技能人才队伍建设成果在国际上的"首展"。

2013 年的"五四"青年节,让这个"90"后小伙儿终生难忘。5 月 4 日上午,裴先峰参加"实现中国梦,青春勇担当"主题团日活动。活动期间,习近平亲切接见了青年代表,并与各界优秀青年代表座谈。

当裴先峰说到自己目前正在国家重点工程中石油甘肃庆阳石化项目工作时,总书记说:"庆阳石化位于陕甘宁边区,2009 年我曾去过那里,条件很艰苦。你通过奋发努力,成就的青春事业与党和国家的事业、人民的事业高度契合,这样,事业的光谱就更广阔,能量也会更强。"

裴先峰

"现在,青春是用来奋斗的;将来,青春是用来回忆的。"总书记在座谈会上的这句话,令裴先峰印象尤为深刻。

## "我们获得了三等奖"

"我们最终获得了三等奖,整个暑假所付出辛劳与汗水没有白费!"在 2017 世界机器人大会上,新疆克州第三中学代表队作为全疆唯一代表,发挥出色,从全国 200 多个代表队中脱颖而出,最终荣获三等奖。

世界机器人大会被誉为机器人领域的"达沃斯"、中国的"汉诺威展"、机器人界的"奥运会"。这次北京大会，汇聚了世界各地的机器人爱好者。他们带着造型各异、功能不同的机器人在比赛场上一决高下。大会采用联盟赛制，即四支队伍两两组成联盟，联盟之间进行相互对抗。对机器人用计算机进行编程后，由手柄操作，不同于传统机器人的任务式比赛机制。本次比赛包含自动阶段、手动阶段、强化改装和全力一搏四个赛段。

机器人挑战赛以"攻城大师"为主题，参赛战队的机器人在各自的联盟阵地中完成攻防，通过击弹射、投掷等方式，向对方城堡中的"国王""士兵"等角色发起进攻，击倒不同的角色获得相应得分，总得分高的联盟将获得比赛胜利。新鲜刺激的比赛机制，旨在打造更具临场感和观赏性的机器人比赛，目的是集机器人赛事的竞技性和娱乐性于一体，提高参赛选手的参与感，满足不同水平的参赛选手，使赛事本身更加丰富好玩。

世界机器人大赛现场

197

"比赛前,我们只有两个月的备战时间,时间很仓促。老师带着我们,从最简单的认识构件、电子元件、主控板,对机器人进行简单的编程到用手柄熟练地控制机器人完成指定动作,有太多次,我们忘了吃饭,忘了休息,只知道我们身在创客教室,我们要把机器人组装好,我们就想着在比赛中全力一搏,不留遗憾!"参赛队员艾依扎旦·那斯尔说。

## 她,全国"最美中学生"

重庆一高中女生陈艳霞从全国众多"学霸"中脱颖而出,被授予全国"最美中学生"称号。她到底美在哪里? 请看看她的学习成长故事。

**学习拔尖** 她的美不仅仅是在颜值上,"凡是不能打败你的,最终都会使你更强大"。开朗爱笑的她,内心有着这样坚定的信念。自小父母外出务工,跟着爷爷奶奶长大,这样的经历锻炼了她独立自理的生活能力。

"持之以恒,日省吾身。这是我对自己的一贯要求。"在她看来,逆风飞翔,需要更多的恒心与力量,她的成绩一直名列前茅。

**夺全国科技创新赛一等奖** 除了成绩好,独立自强的她对于科技创新更是有着自己独特的好奇心与坚持。2015 年,她参加了"重庆市青少年科技创新物联网"大赛。

作为校队队长,她带领团队结合生活中养宠物的各种不便和空巢"狗狗"的现况,慢慢构思出了一款名为"happy dog"的智能宠物玩具。通过创意、设计、组装、改型等环节,一个个单一的几何模块瞬间变换为活灵活现的、有情有义的智能宠物,于是,"happy dog"问世,荣获重庆市一等奖,并顺利入围全国总决赛。相比市赛,全国赛要求更高,竞争更激烈。陈艳霞和队友们带着作品与来自全国的 30 余支队伍进行终极 PK,最终斩获全国一等奖。

　　她说,"这两次比赛经历使我变得更自信。让我懂得生活处处是灵感,我们需要一双发现美的眼睛。"

　　**极具天赋却不忘勤奋苦练**　她还非常喜欢播音主持。"如果说我在某一个领域有些天赋的话,那一定是在主持和朗诵方面。"她认为,天赋必须和勤奋结合才能取得更好的成绩。"我认为语言是一门极具艺术魅力的学问,而播音主持和朗诵又是展现语言魅力的最佳形式。"

　　从初中至今她一直担任校广播站站长、参加学校第一届"金话筒"主持大赛获冠军、参加重庆市第七届中小学生才艺展示大赛获得朗诵比赛一等奖……对她来说,每一项荣誉都离不开背后的汗水,每一次播音主持和朗诵活动都是一次锻炼和成长。

　　**她是同学心中的女神**　班主任老师:她爱好广泛,综合素质很好,虽然经常参加各种活动耽误了很多时间,但她仍有自己的方法,成绩一直很好。在班级管理中,积极、主动,有主见,有魄力,并且又很幽默,很受同学们喜欢。

　　同学:学习很认真,很有领导风范,很爱帮助人,组织能力很强,生活中人又很搞笑,她不仅是学霸,更是女神。

　　同学:她是开心果,是一个让人感到温暖的人。

# 她，环保的国际名人

徐海婷，深圳蛇口国际学校学生，初中部学生会主席、环保小组组长。

她获得了深圳市环保英语演讲比赛一等奖，"利乐杯"全国中小学生环保英语演讲比赛二等奖。出色的英语成绩，使得徐海婷代表中国儿童出席了由联合国环境规划署和"儿童与环境国际联盟"共同组织的联合国国际儿童环保会议，与来自全世界100多个国家的1 000名儿童代表讨论环保问题，交流环保经验，共同分享各自的环保项目。她精彩的演讲和"保护濒临灭绝的粉色海豚""在全世界实行无车日"等建议给联合国官员留下了深刻印象。

**徐海婷**

接着，徐海婷应邀参加在日本召开的"联合国世界儿童环保峰会"，并成为全国唯一一名联合国全额资助代表。大会选举她为世界儿童环保峰会筹委会全世界11名成员之一，也是唯一一位代表亚太地区的筹委会委员、首位代表亚太地区的中国儿童。

2005年9月，"全球人居环境论坛"在深圳召开。这是联合国首次在我国举办人居环境论坛。徐海婷在这次会议上作了"保护我们的水"的主题演讲，呼吁人类保护和节约有限的淡水资源。演讲完毕后，全场起立为徐海婷鼓掌三分钟。

一年后，在马来西亚举行的联合国世界儿童环保会议上，徐海婷是唯一一位获得由马来西亚皇后赠送"巧克力"的儿童，并当选为该次会议的儿童筹委会主席，她还为大会闭幕式的主题歌作了歌词《We are the children》。

徐海婷加入深圳市义工联环保二组，参与了"走进红树林，关爱红树林"的宣传、清洁活动。2006年12月，徐海婷获"绿色中国年度人物"提名。

2007年8月，徐海婷获邀参加了"第三届全球人居环境论坛"，并作了以"应对全球变暖"为主题的演讲，获得了联合国秘书长等许多高层人物的表扬。

## 阅读指导

青年兴则国家兴，青年强则国家强。青年一代有理想、有本领、有担当，国家就有前途，民族就有希望。

中国梦是历史的、现实的，也是未来的；是我们这一代的，更是青年一代的。中华民族伟大复兴的中国梦，终将在一代代青年的接力奋斗中变为现实。要关心和爱护青年，为他们实现人生出彩搭建舞台。

广大青年要坚定理想信念，志存高远，脚踏实地，勇做时代的弄潮儿，在实现中国梦的生动实践中放飞青春梦想，在为人民利益的不懈奋斗中书写人生华章！

🪷 思考与行动

1. "现在,青春是用来奋斗的;将来,青春是用来回忆的。"你对这句话是怎样理解的。

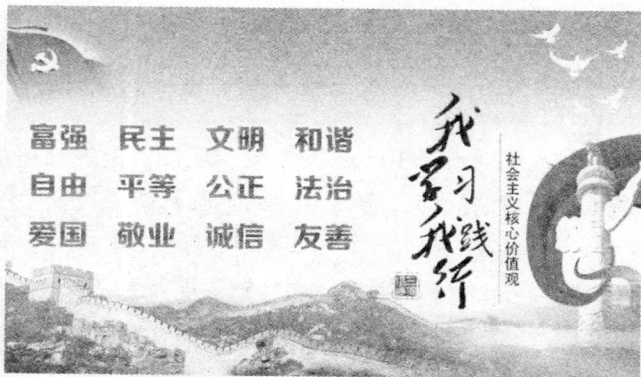

2. 请阅读上面的图片,思考并制订自己的《我学习、我践行社会主义核心价值观》三年行动计划。

在本书编写过程中,学习、参考并借用了一些文本资料及图片。由于时间关系,一时难以联系有关作者,在此表示歉意,并衷心感谢对本书的支持。